FOOTBALL PLAY DESIGNER

THE ULTIMATE NOTEBOOK TO CREATE YOUR FOOTBALL PLAYBOOK

ISBN 13: 9781731545091

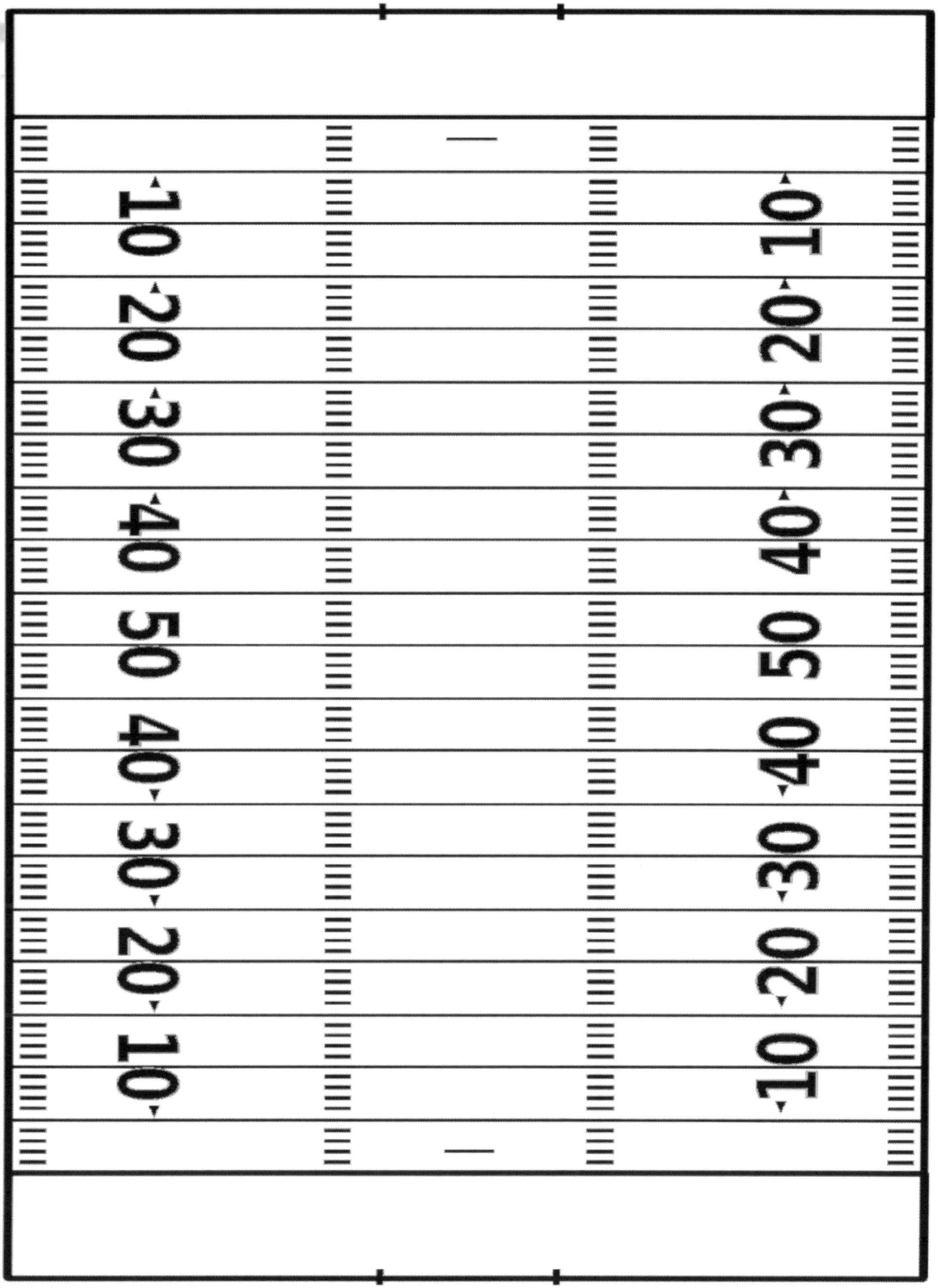
10 20 30 40 50 40 30 20 10
10 20 30 40 50 40 30 20 10

DIAGRAM 1

Tyreek
hill

© football

Julio Jones

curl flats

C
R
QB

Lamar
Jackson

DIAGRAM 2

ball

C
QB

hairry marry

NOTES

curl flats is a play that a peorson runs
and stops. harry marry is when everybody geos deep.

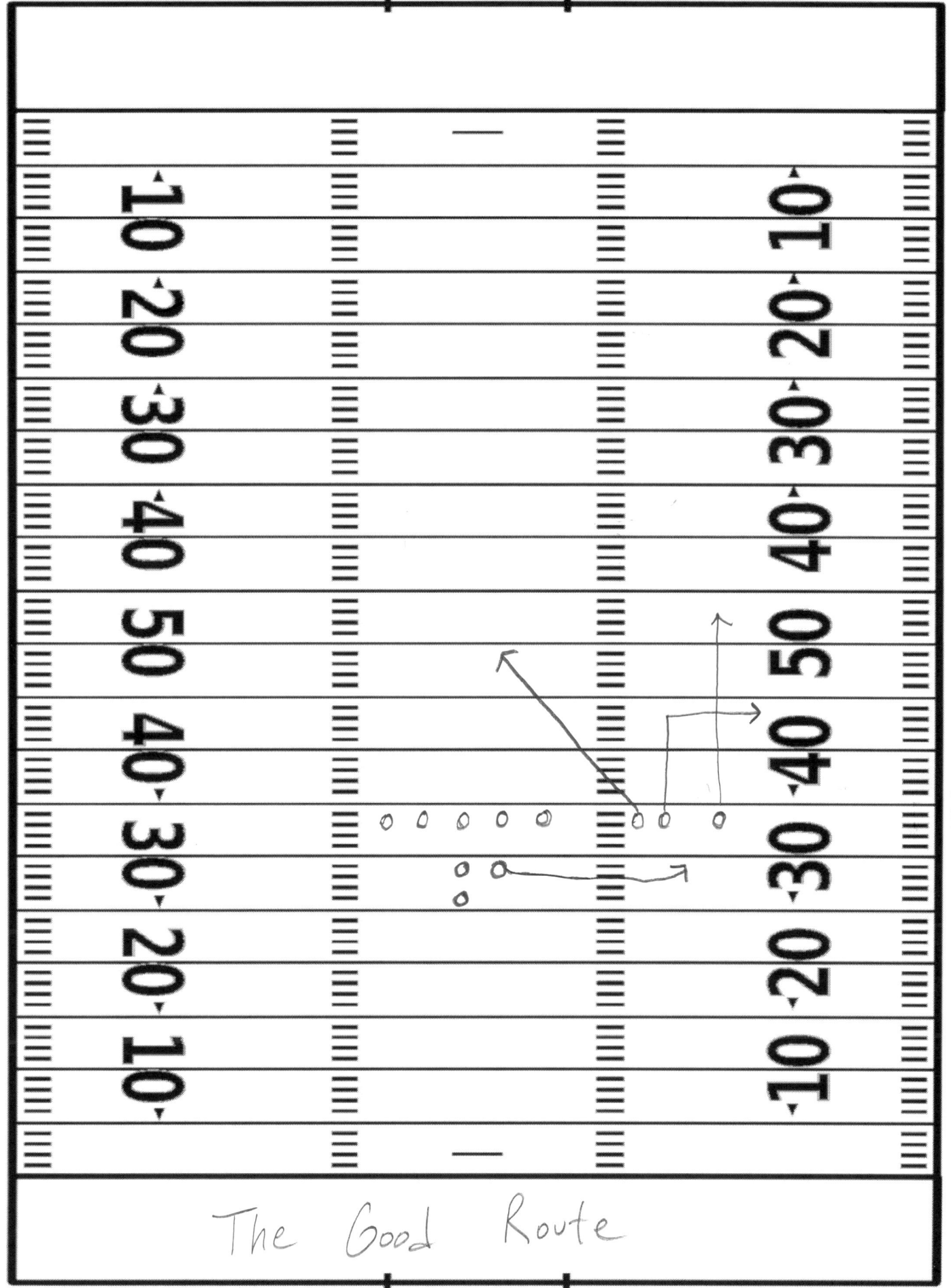

The Good Route

DIAGRAM 1

slants

DIAGRAM 2

pa Drag route

NOTES

Slants
Slants

pa Drag
pa Drag

10 20 30 40 50 40 30 20 10 10

10 20 30 40 50 40 30 20 10 10

DIAGRAM 1

DIAGRAM 2

NOTES

10 20 30 40 50 40 30 20 10

10 20 30 40 50 40 30 20 10

DIAGRAM 1

DIAGRAM 2

NOTES

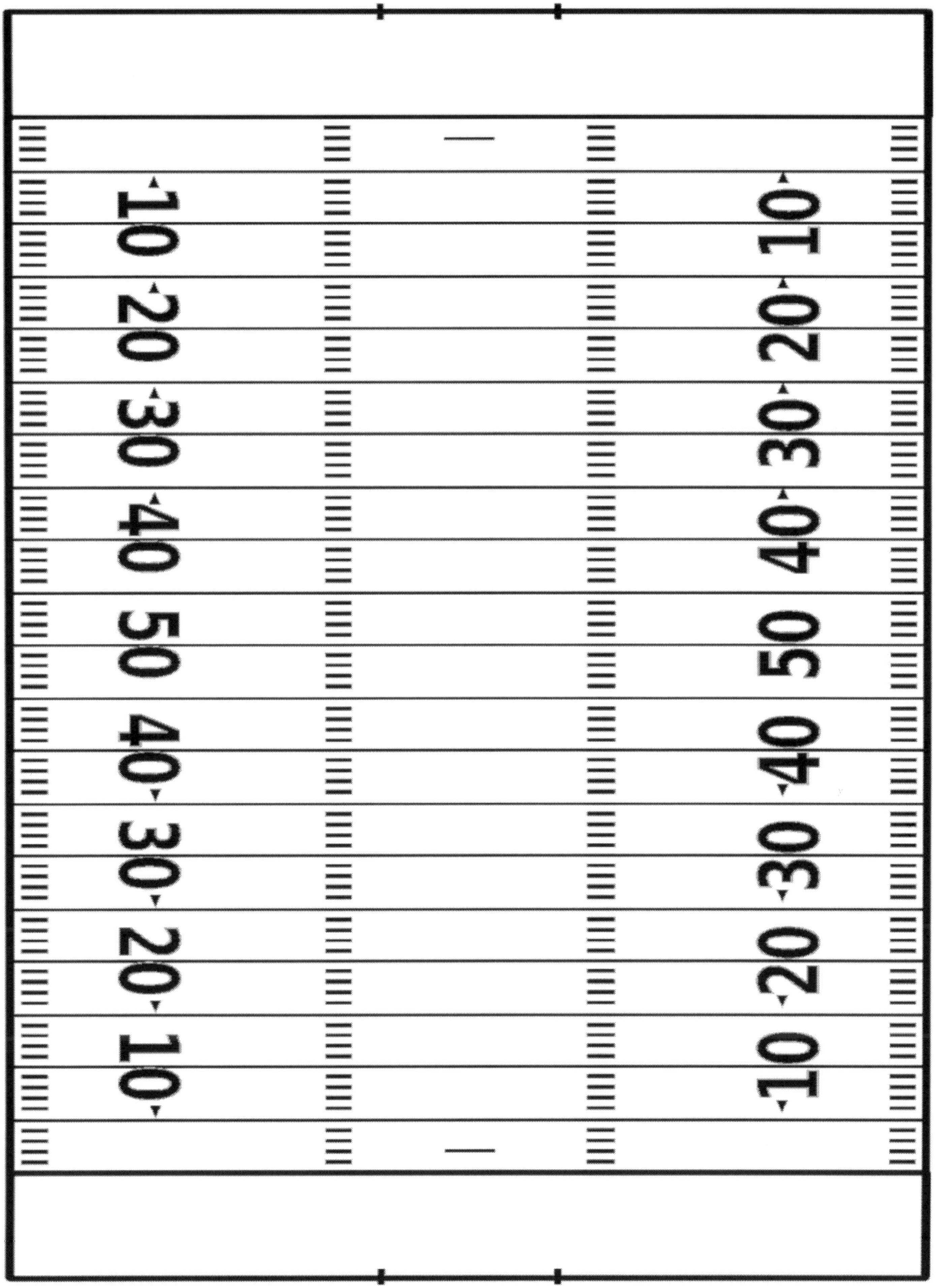
10
20
30
40
50
40
30
20
10

DIAGRAM 1

DIAGRAM 2

NOTES

10 20 30 40 50 40 30 20 10

10 20 30 40 50 40 30 20 10

DIAGRAM 1

DIAGRAM 2

NOTES

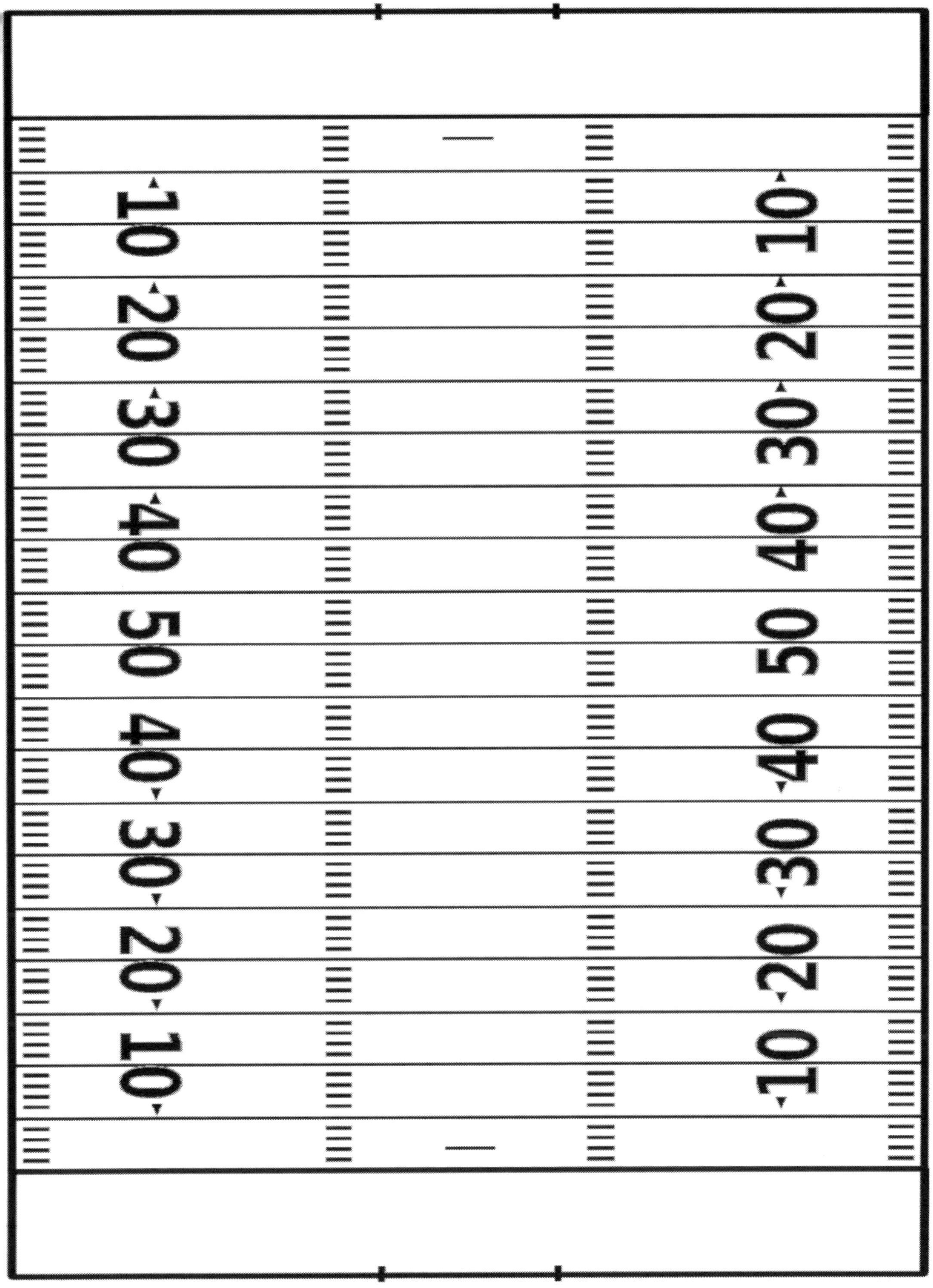
10
20
30
40
50
40
30
20
10

DIAGRAM 1

DIAGRAM 2

NOTES

10 20 30 40 50 40 30 20 10

10 20 30 40 50 40 30 20 10

DIAGRAM 1

DIAGRAM 2

NOTES

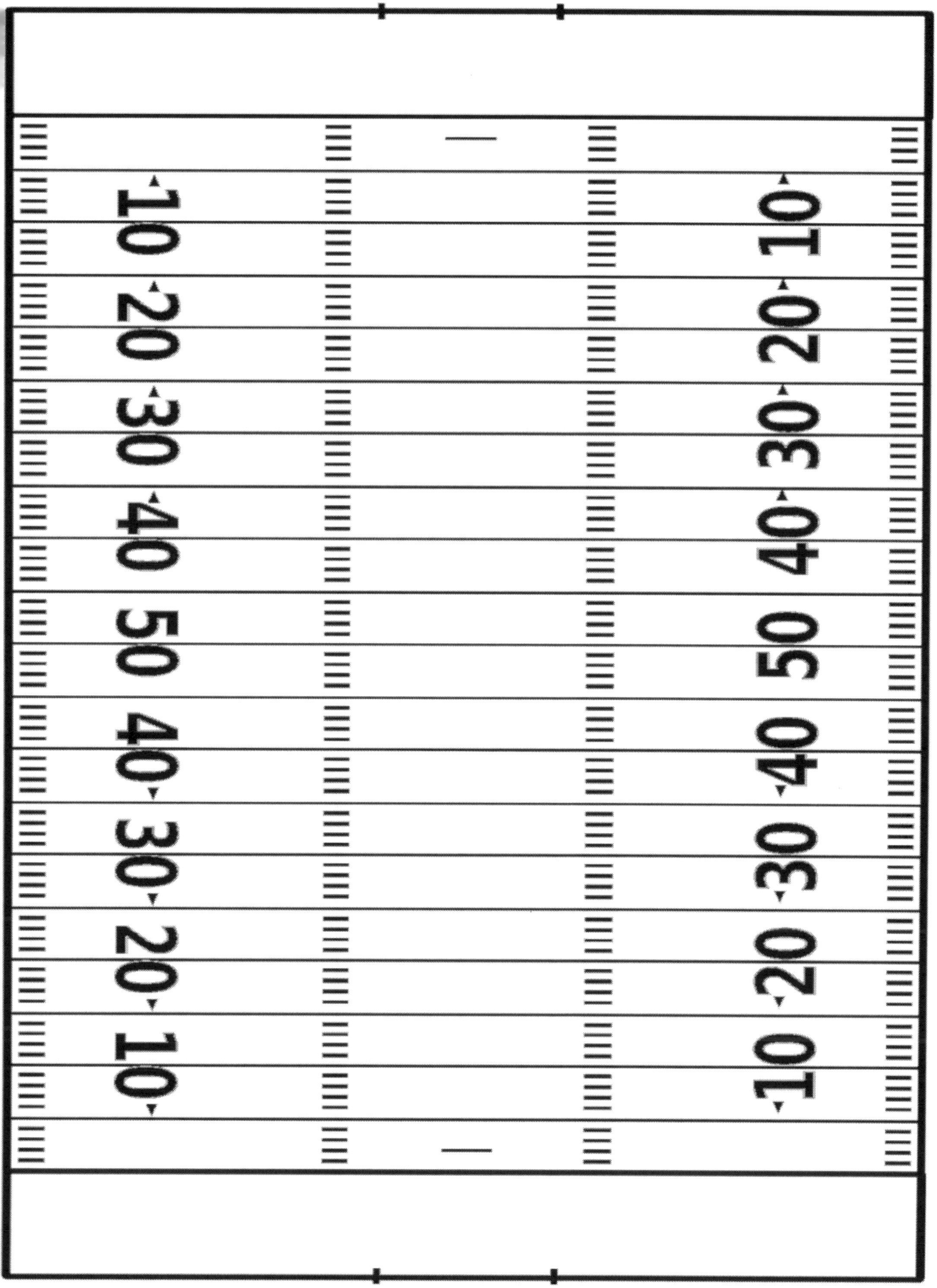
10 20 30 40 50 40 30 20 10

DIAGRAM 1

DIAGRAM 2

NOTES

10 20 30 40 50 40 30 20 10

10 20 30 40 50 40 30 20 10

DIAGRAM 1

DIAGRAM 2

NOTES

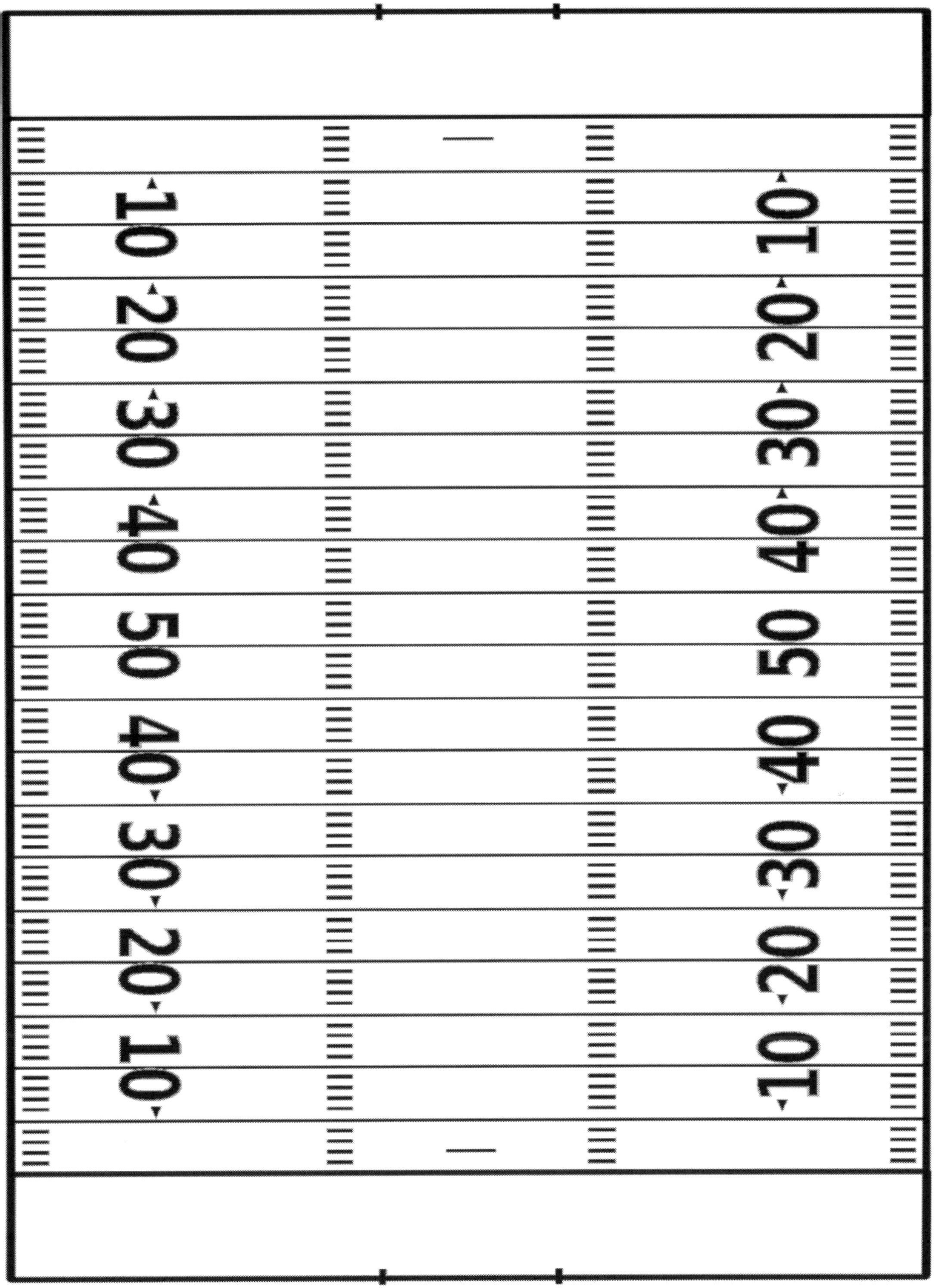
10
20
30
40
50
40
30
20
10
10
20
30
40
50
40
30
20
10

DIAGRAM 1

DIAGRAM 2

NOTES

10 20 30 40 50 40 30 20 10

10 20 30 40 50 40 30 20 10

DIAGRAM 1

DIAGRAM 2

NOTES

10 20 30 40 50 40 30 20 10

10 20 30 40 50 40 30 20 10

DIAGRAM 1

DIAGRAM 2

NOTES

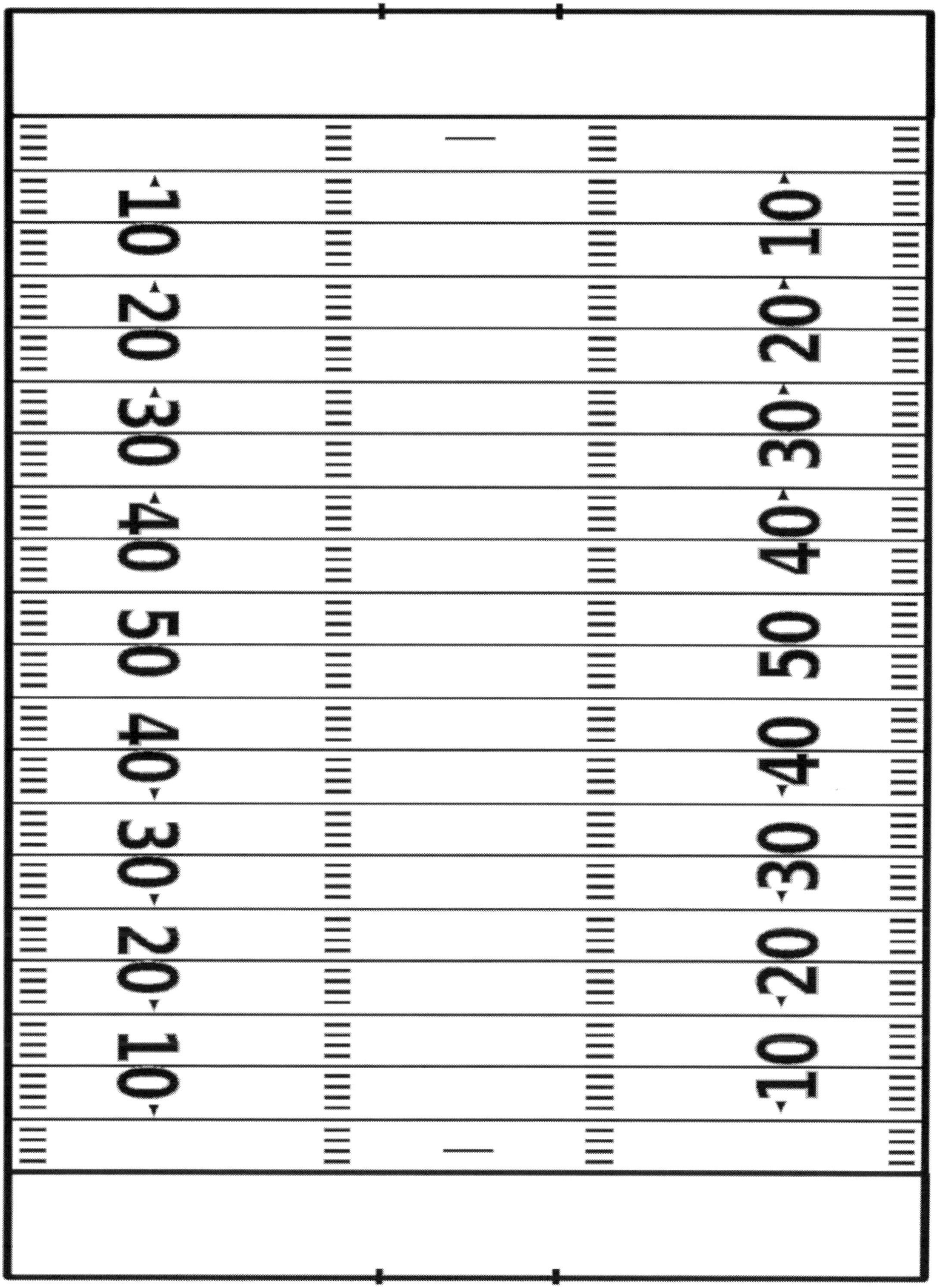
10 20 30 40 50 40 30 20 10
10 20 30 40 50 40 30 20 10

DIAGRAM 1

DIAGRAM 2

NOTES

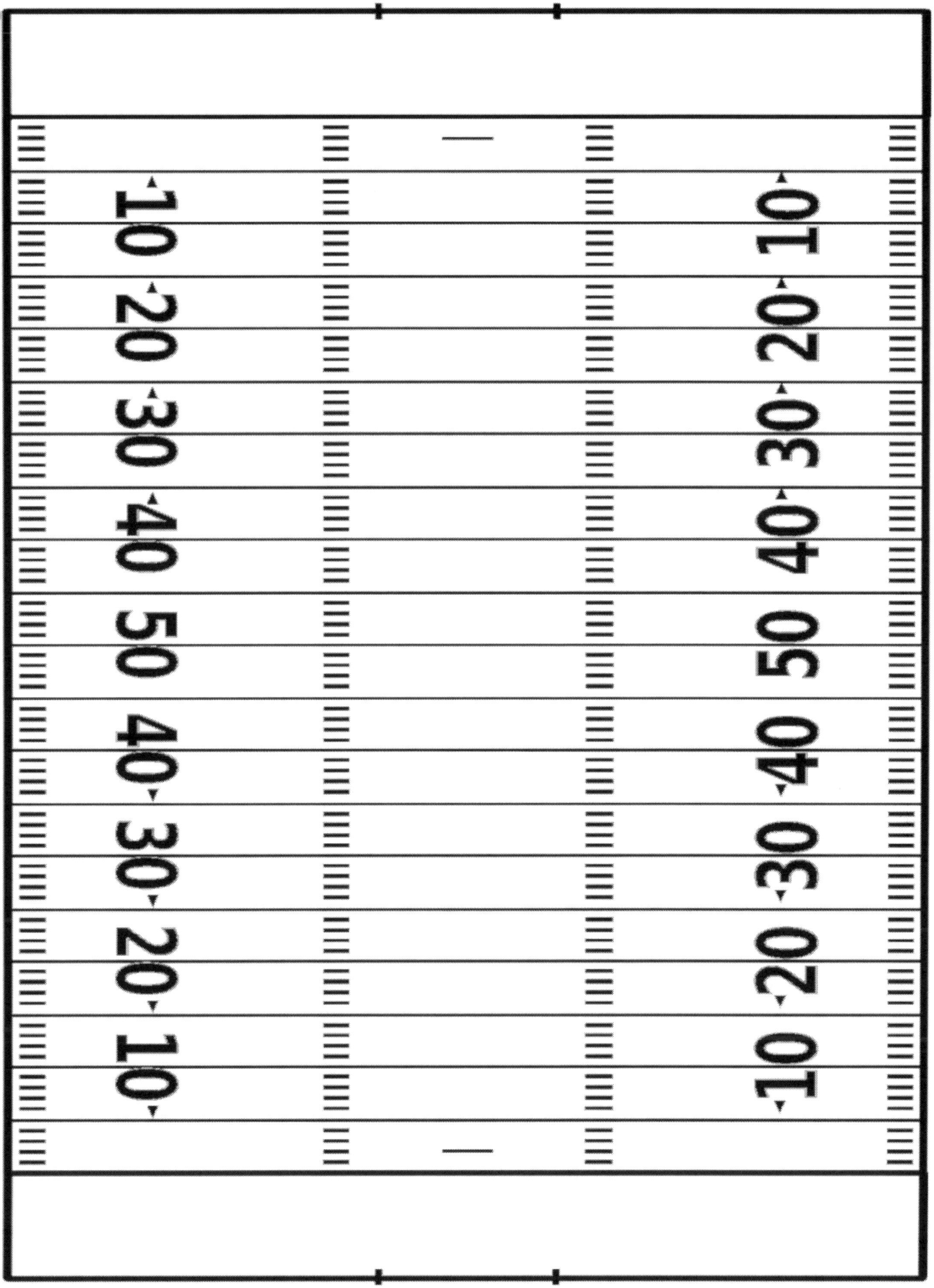
10
20
30
40
50
40
30
20
10
10
20
30
40
50
40
30
20
10

DIAGRAM 1

DIAGRAM 2

NOTES

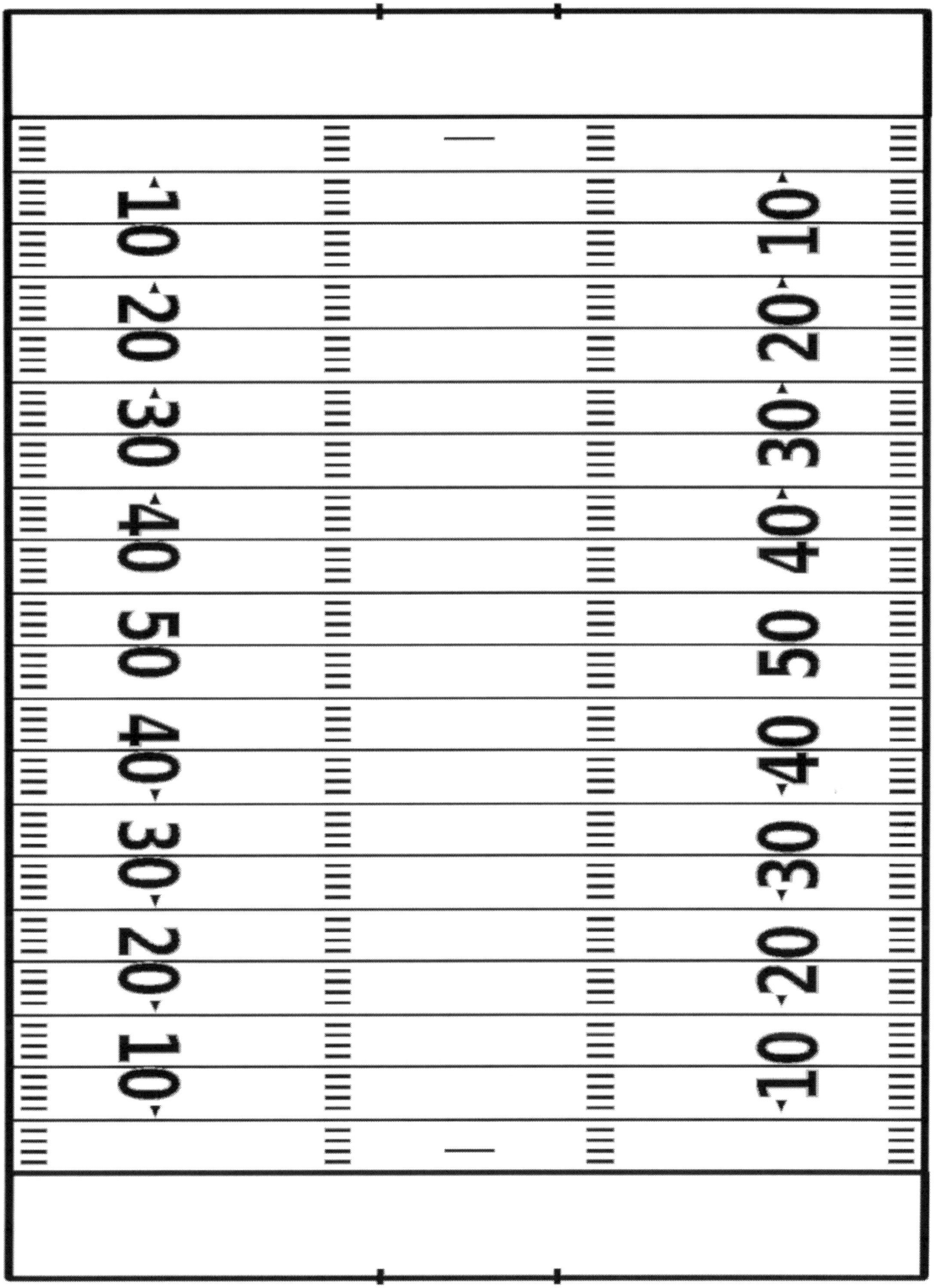
10
20
30
40
50
40
30
20
10
10
20
30
40
50
40
30
20
10

DIAGRAM 1

DIAGRAM 2

NOTES

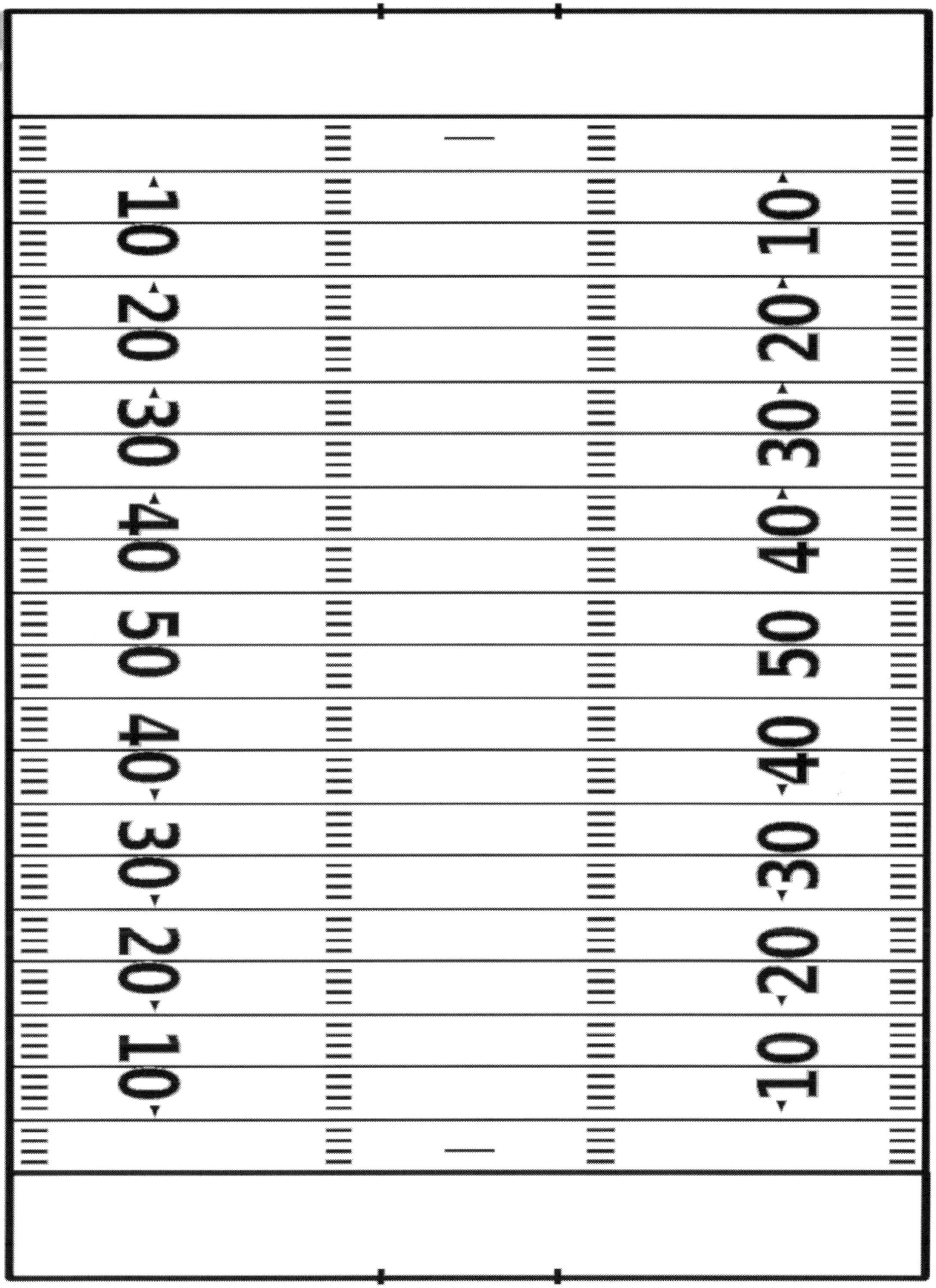
10 20 30 40 50 40 30 20 10
10 20 30 40 50 40 30 20 10

DIAGRAM 1

DIAGRAM 2

NOTES

10 20 30 40 50 40 30 20 10

10 20 30 40 50 40 30 20 10

DIAGRAM 1

DIAGRAM 2

NOTES

10 20 30 40 50 40 30 20 10

10 20 30 40 50 40 30 20 10

DIAGRAM 1

DIAGRAM 2

NOTES

10 20 30 40 50 40 30 20 10

10 20 30 40 50 40 30 20 10

DIAGRAM 1

DIAGRAM 2

NOTES

10 20 30 40 50 40 30 20 10

10 20 30 40 50 40 30 20 10

DIAGRAM 1

DIAGRAM 2

NOTES

10 20 30 40 50 40 30 20 10

10 20 30 40 50 40 30 20 10

DIAGRAM 1

DIAGRAM 2

NOTES

—

10 20 30 40 50 40 30 20 10

10 20 30 40 50 40 30 20 10

—

DIAGRAM 1

DIAGRAM 2

NOTES

10 20 30 40 50 40 30 20 10

10 20 30 40 50 40 30 20 10

DIAGRAM 1

DIAGRAM 2

NOTES

10 20 30 40 50 40 30 20 10

10 20 30 40 50 40 30 20 10

DIAGRAM 1

DIAGRAM 2

NOTES

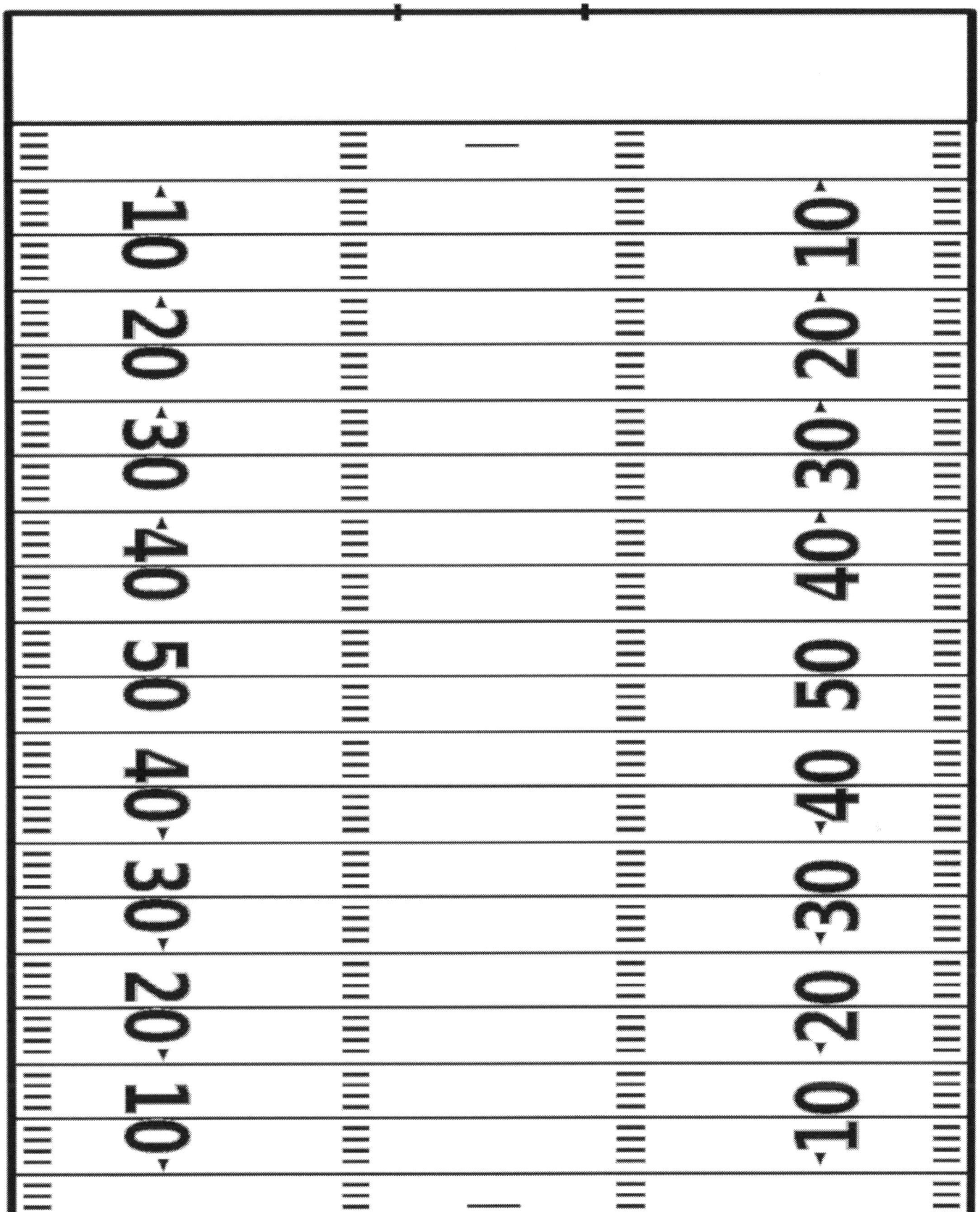
10 20 30 40 50 40 30 20 10

DIAGRAM 1

DIAGRAM 2

NOTES

10 20 30 40 50 40 30 20 10

10 20 30 40 50 40 30 20 10

DIAGRAM 1

DIAGRAM 2

NOTES

10 20 30 40 50 40 30 20 10

10 20 30 40 50 40 30 20 10

DIAGRAM 1

DIAGRAM 2

NOTES

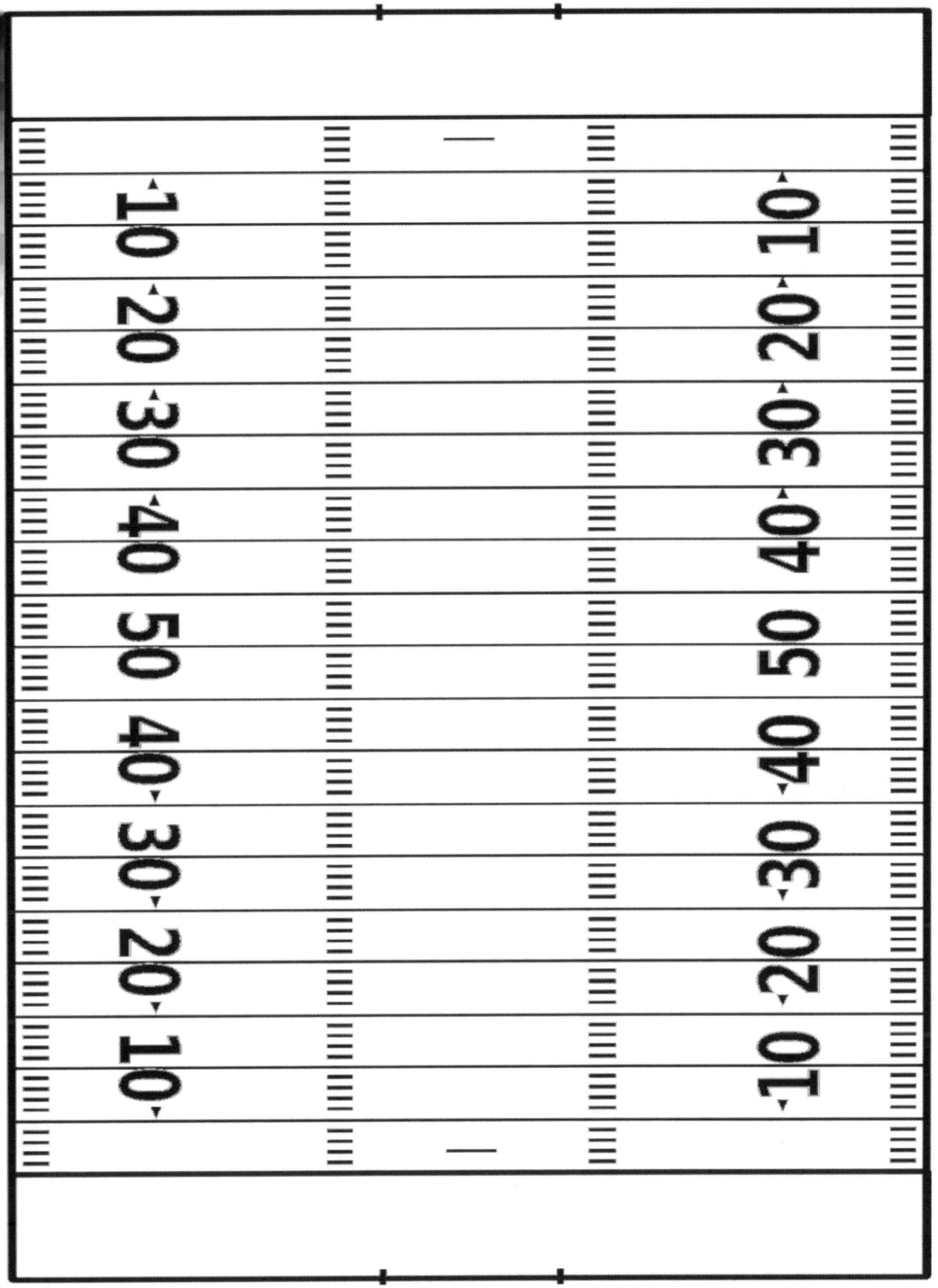
10
20
30
40
50
40
30
20
10
10
20
30
40
50
40
30
20
10

DIAGRAM 1

DIAGRAM 2

NOTES

10 20 30 40 50 40 30 20 10

10 20 30 40 50 40 30 20 10

DIAGRAM 1

DIAGRAM 2

NOTES

10 20 30 40 50 40 30 20 10

10 20 30 40 50 40 30 20 10

DIAGRAM 1

DIAGRAM 2

NOTES

10 20 30 40 50 40 30 20 10

10 20 30 40 50 40 30 20 10

DIAGRAM 1

DIAGRAM 2

NOTES

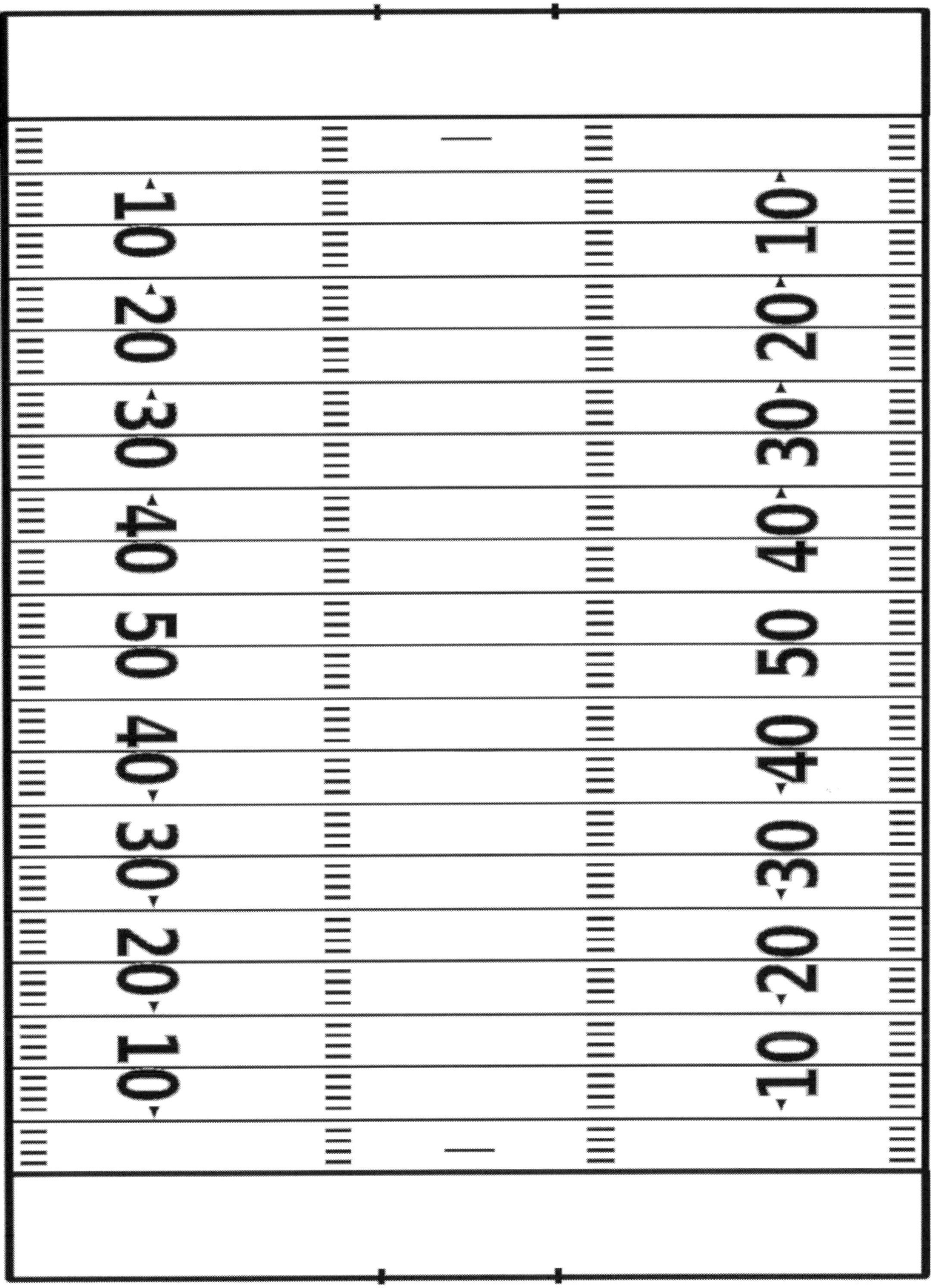
10
20
30
40
50
40
30
20
10

DIAGRAM 1

DIAGRAM 2

NOTES

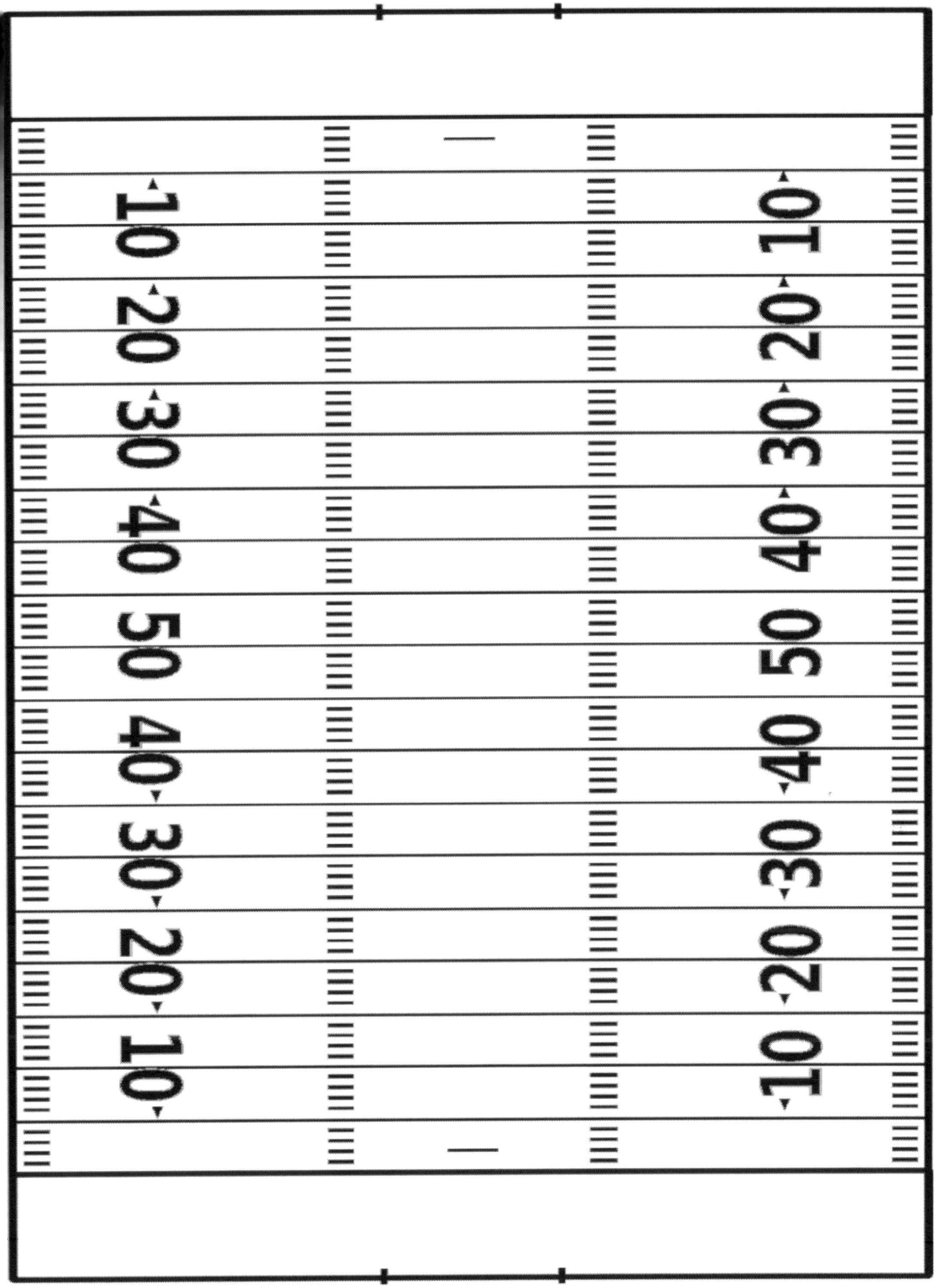
10 20 30 40 50 40 30 20 10

DIAGRAM 1

DIAGRAM 2

NOTES

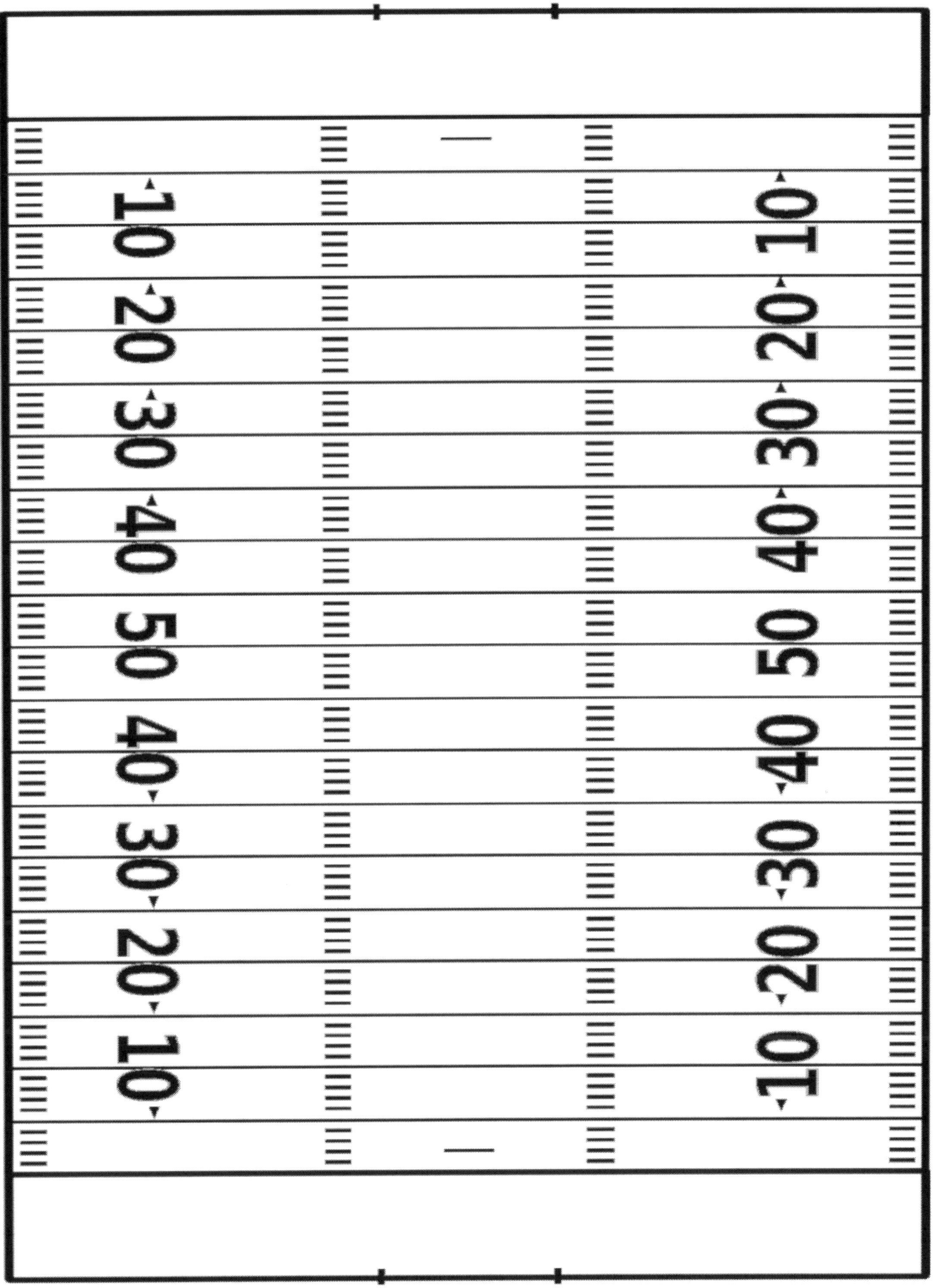
10 20 30 40 50 40 30 20 10

DIAGRAM 1

DIAGRAM 2

NOTES

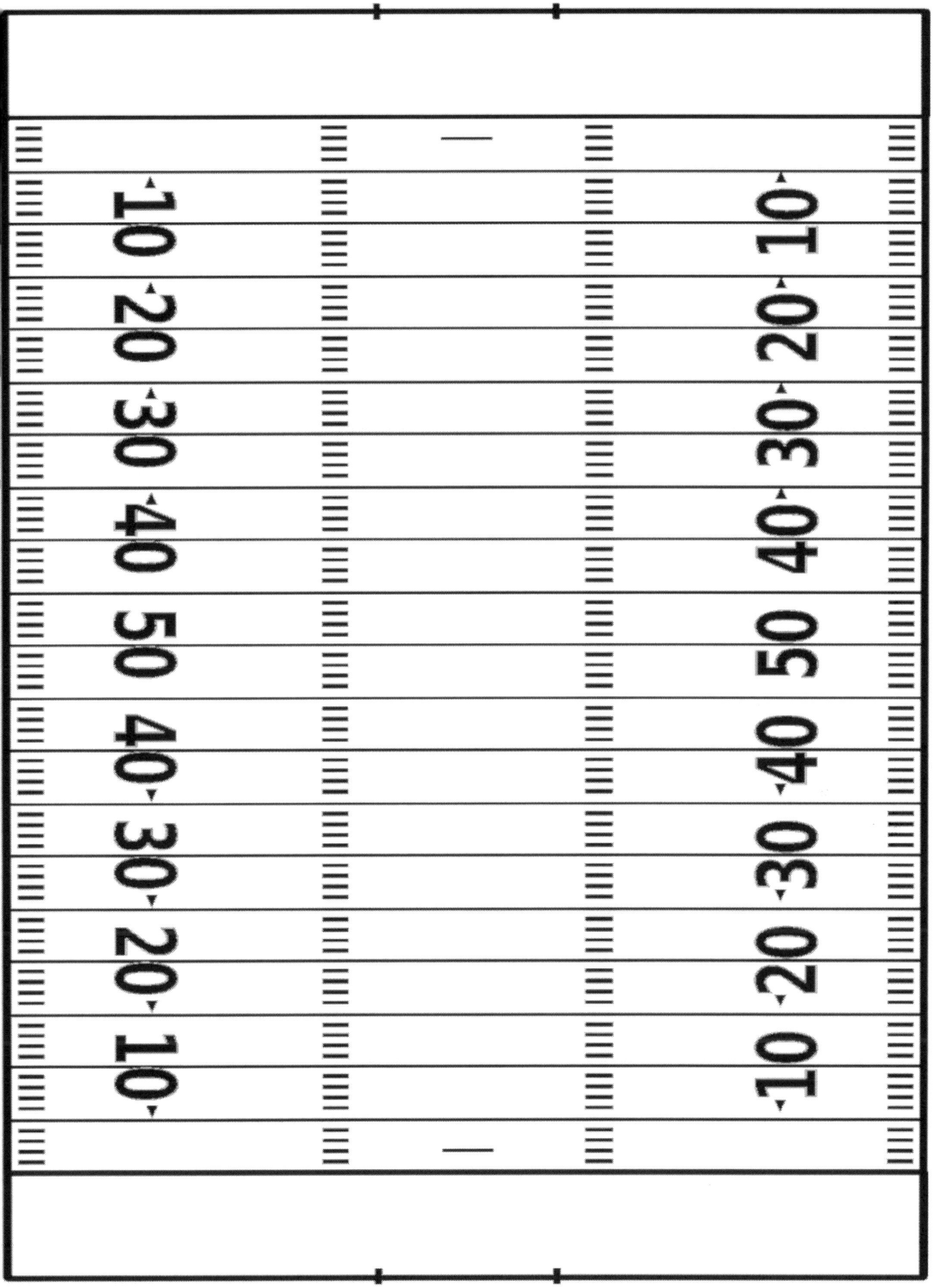
10 20 30 40 50 40 30 20 10
10 20 30 40 50 40 30 20 10

DIAGRAM 1

DIAGRAM 2

NOTES

10 20 30 40 50 40 30 20 10

10 20 30 40 50 40 30 20 10

DIAGRAM 1

DIAGRAM 2

NOTES

10 10

20 20

30 30

40 40

50 50

40 40

30 30

20 20

10 10

DIAGRAM 1

DIAGRAM 2

NOTES

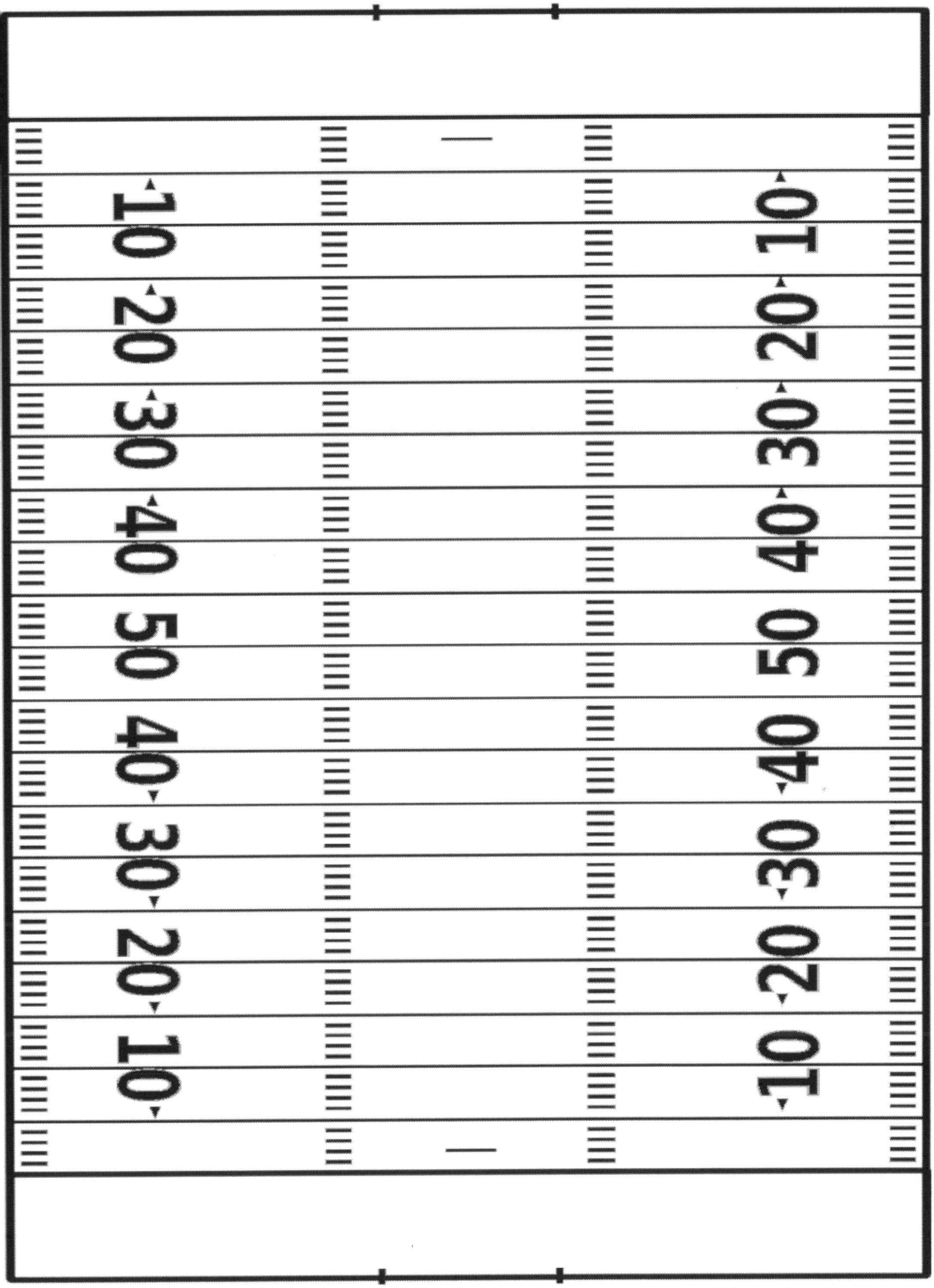
10
20
30
40
50
40
30
20
10

DIAGRAM 1

DIAGRAM 2

NOTES

10 20 30 40 50 40 30 20 10

10 20 30 40 50 40 30 20 10

DIAGRAM 1

DIAGRAM 2

NOTES

10 20 30 40 50 40 30 20 10

10 20 30 40 50 40 30 20 10

DIAGRAM 1

DIAGRAM 2

NOTES

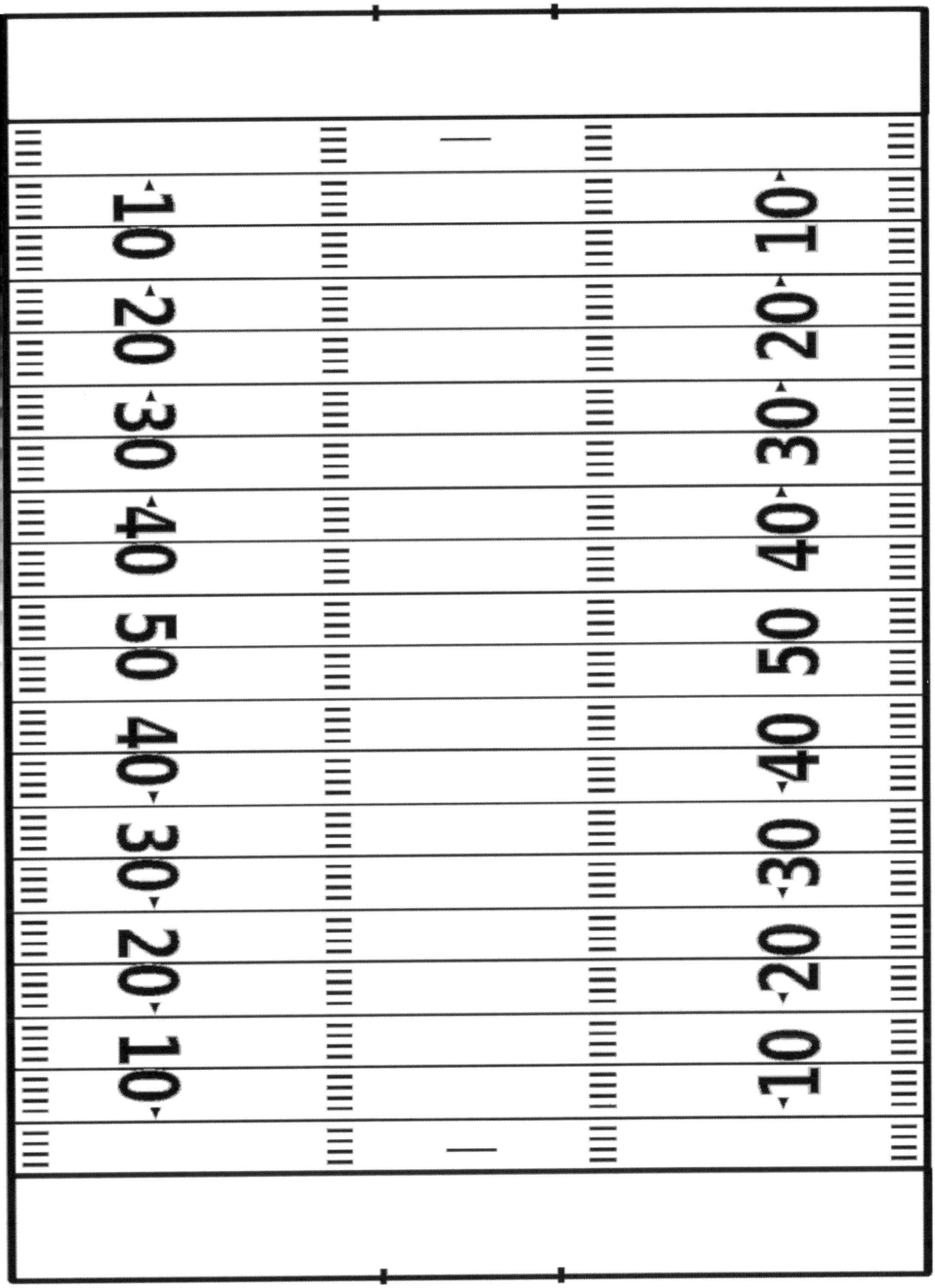
10
20
30
40
50
40
30
20
10

DIAGRAM 1

DIAGRAM 2

NOTES

10 20 30 40 50 40 30 20 10

10 20 30 40 50 40 30 20 10

DIAGRAM 1

DIAGRAM 2

NOTES

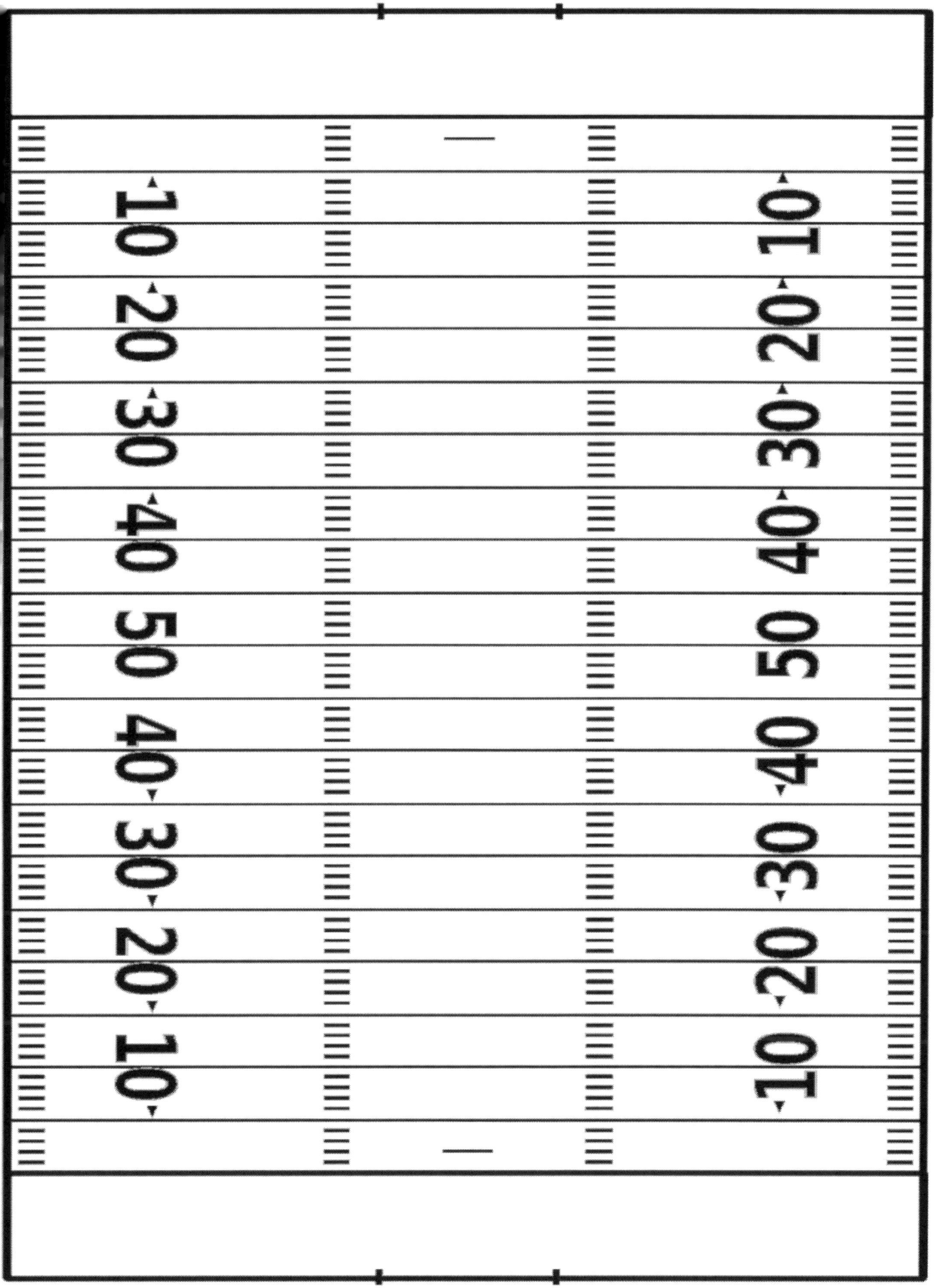
10 20 30 40 50 40 30 20 10
10 20 30 40 50 40 30 20 10

DIAGRAM 1

DIAGRAM 2

NOTES

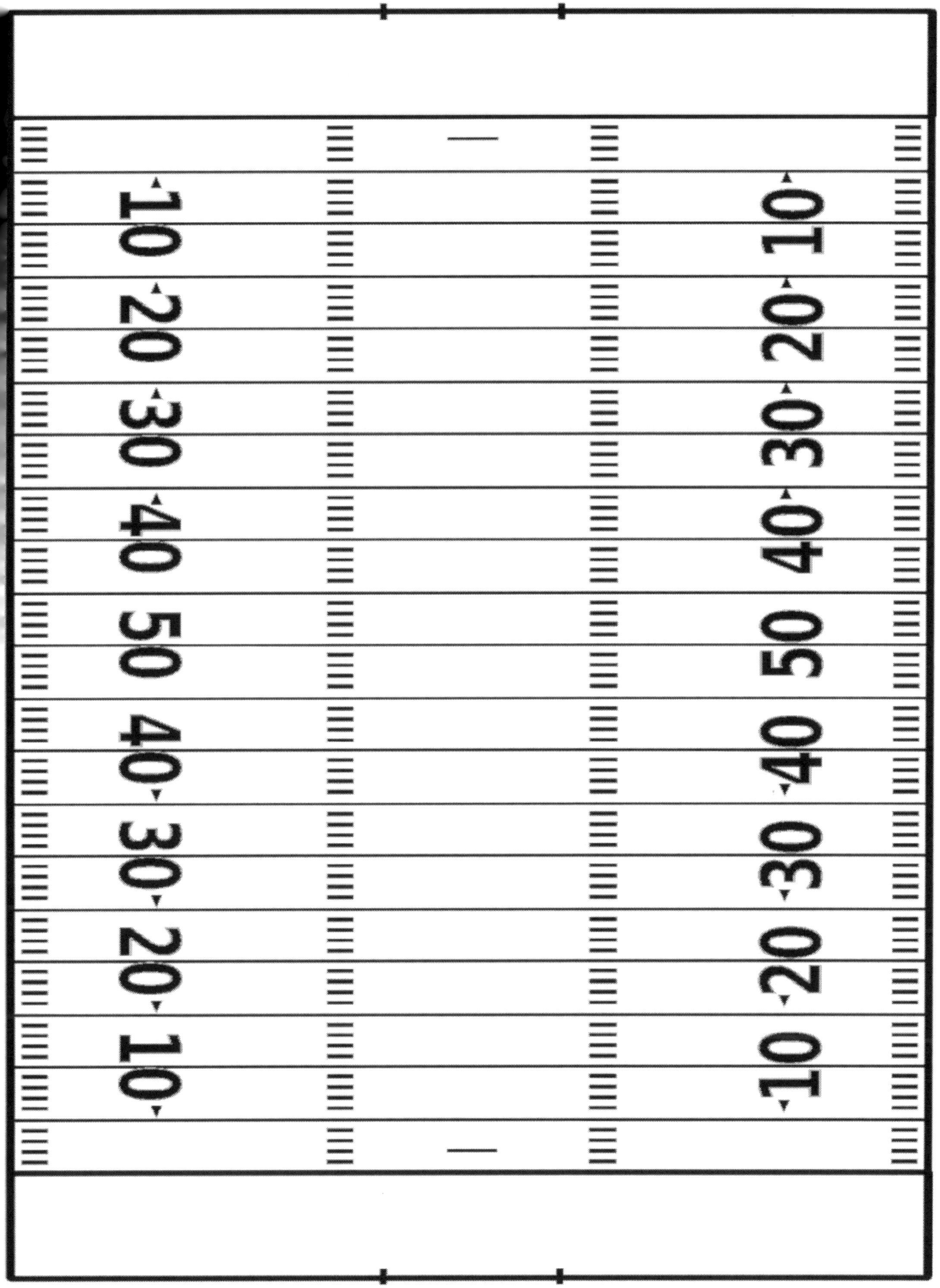
10 20 30 40 50 40 30 20 10
10 20 30 40 50 40 30 20 10

DIAGRAM 1

DIAGRAM 2

NOTES

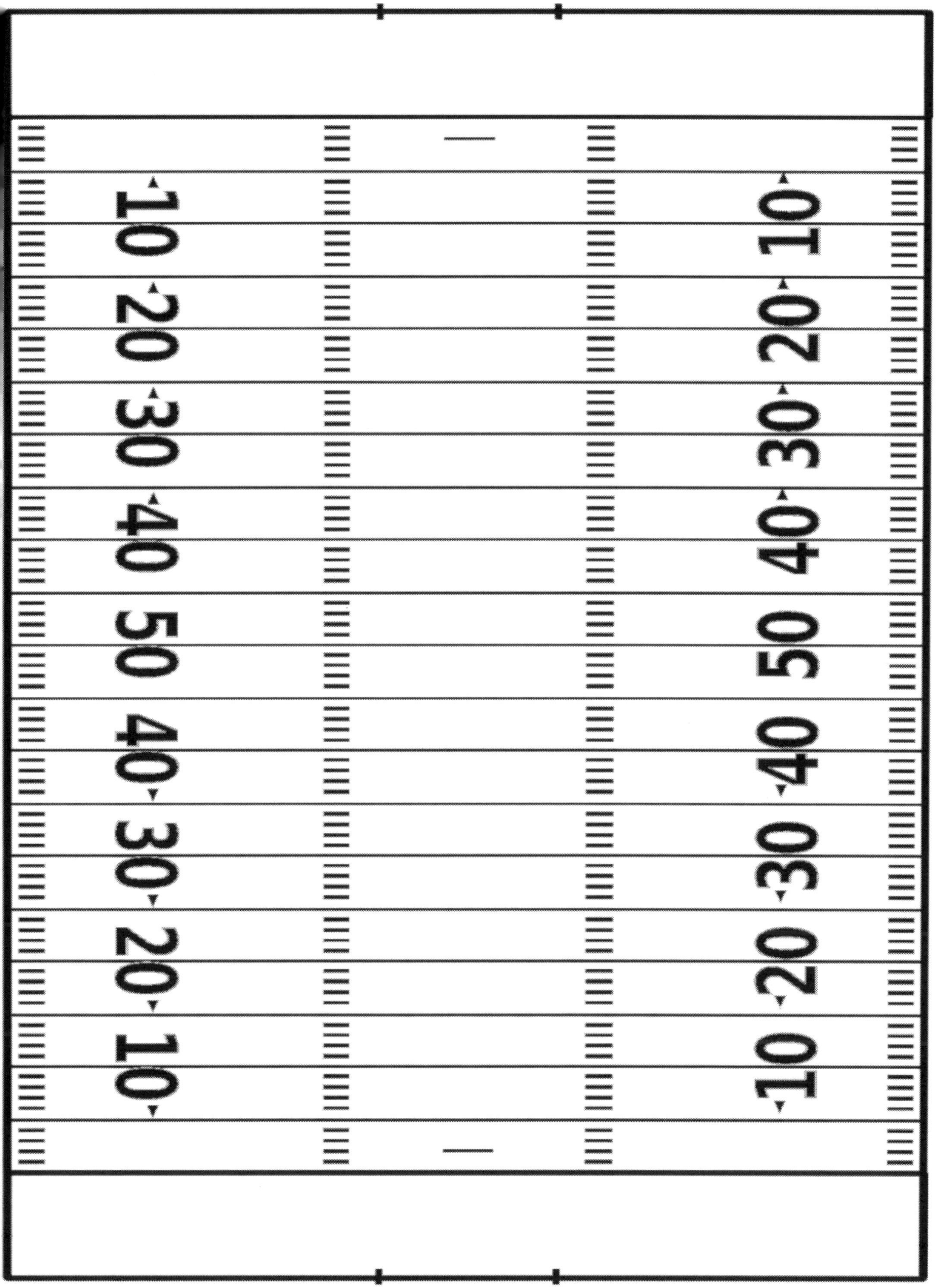
10 20 30 40 50 40 30 20 10
10 20 30 40 50 40 30 20 10

DIAGRAM 1

DIAGRAM 2

NOTES

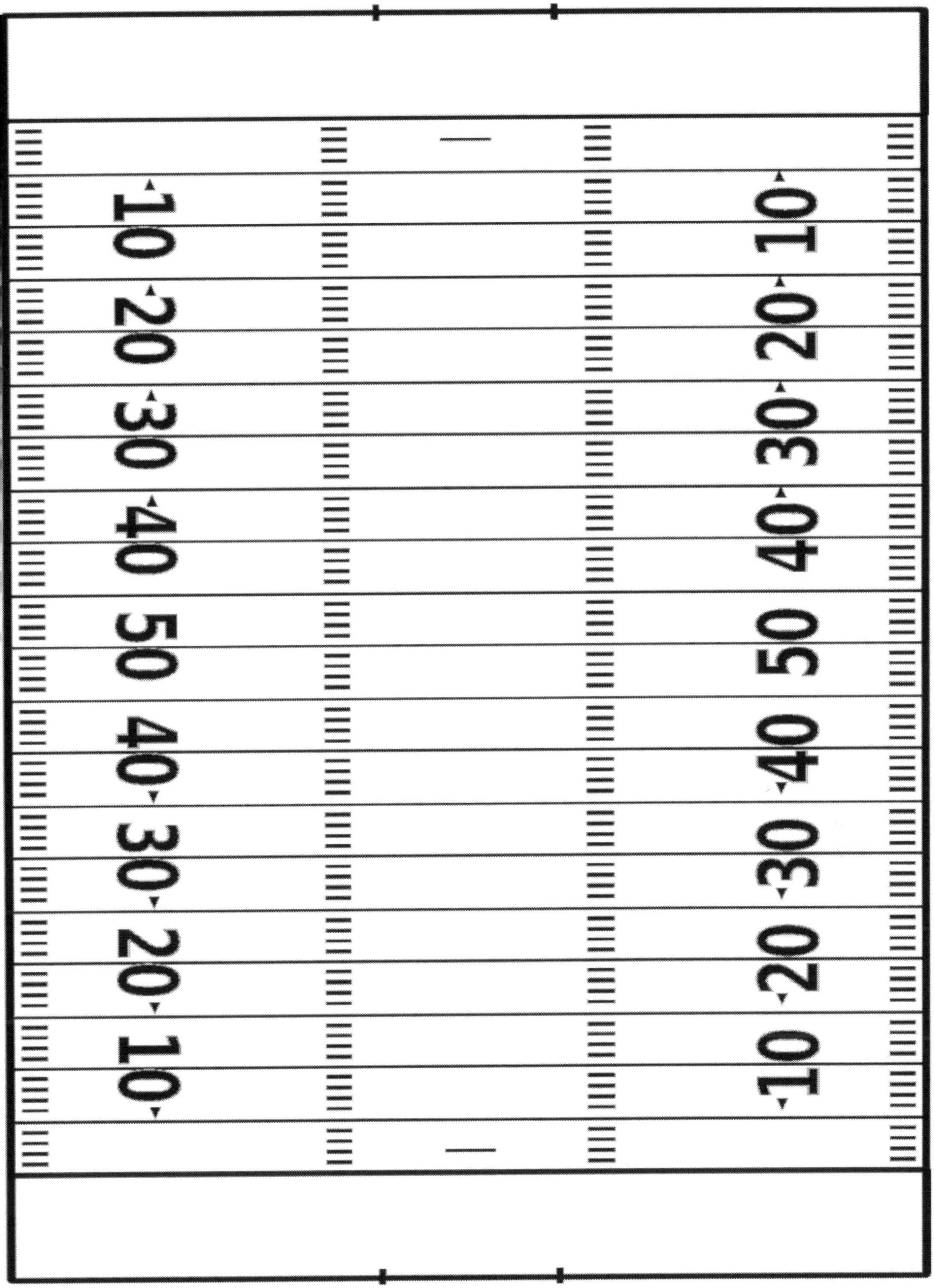
10
20
30
40
50
40
30
20
10
10
20
30
40
50
40
30
20
10

DIAGRAM 1

DIAGRAM 2

NOTES

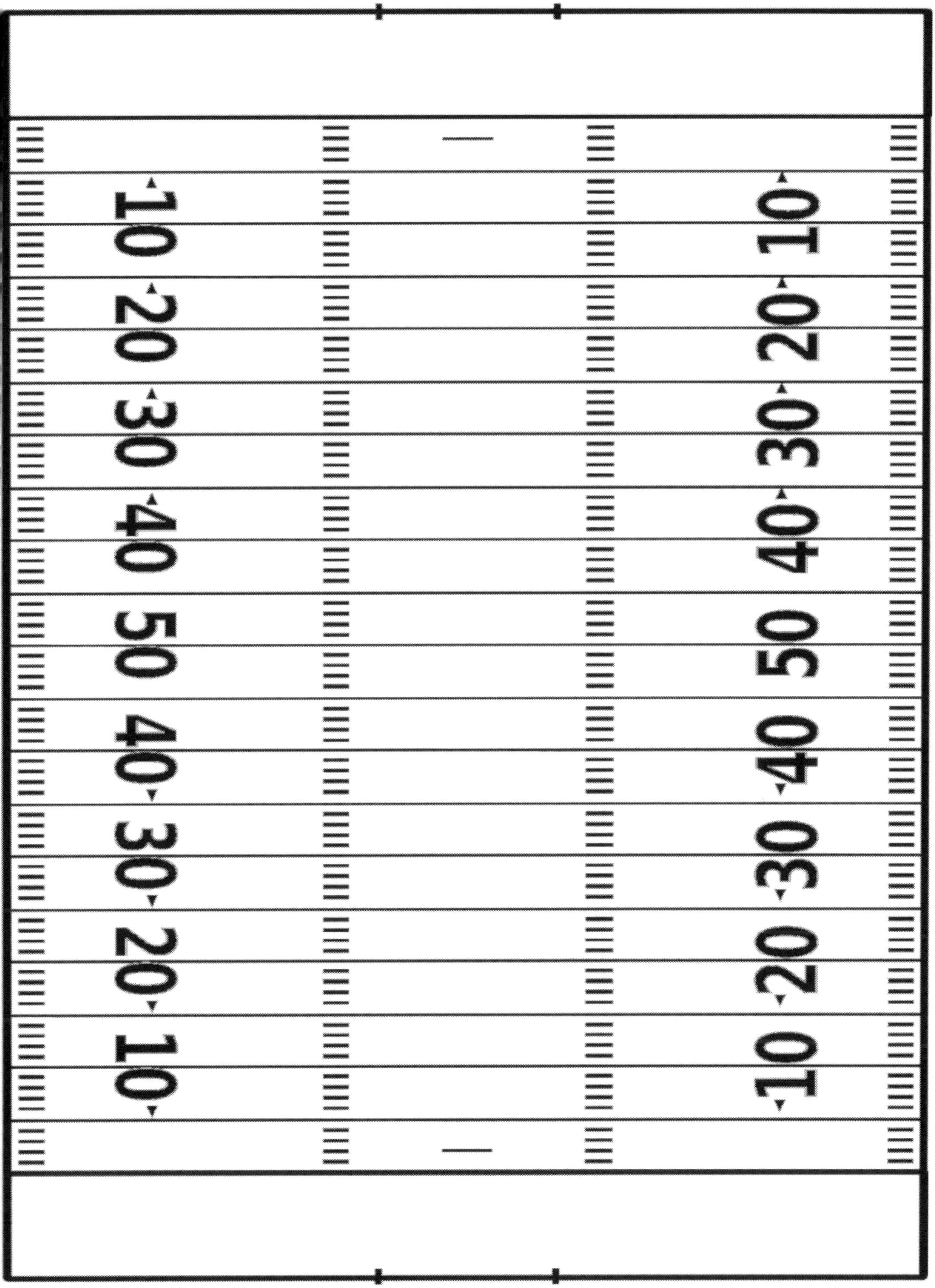
10 20 30 40 50 40 30 20 10
10 20 30 40 50 40 30 20 10

DIAGRAM 1

DIAGRAM 2

NOTES

10 20 30 40 50 40 30 20 10

10 20 30 40 50 40 30 20 10

DIAGRAM 1

DIAGRAM 2

NOTES

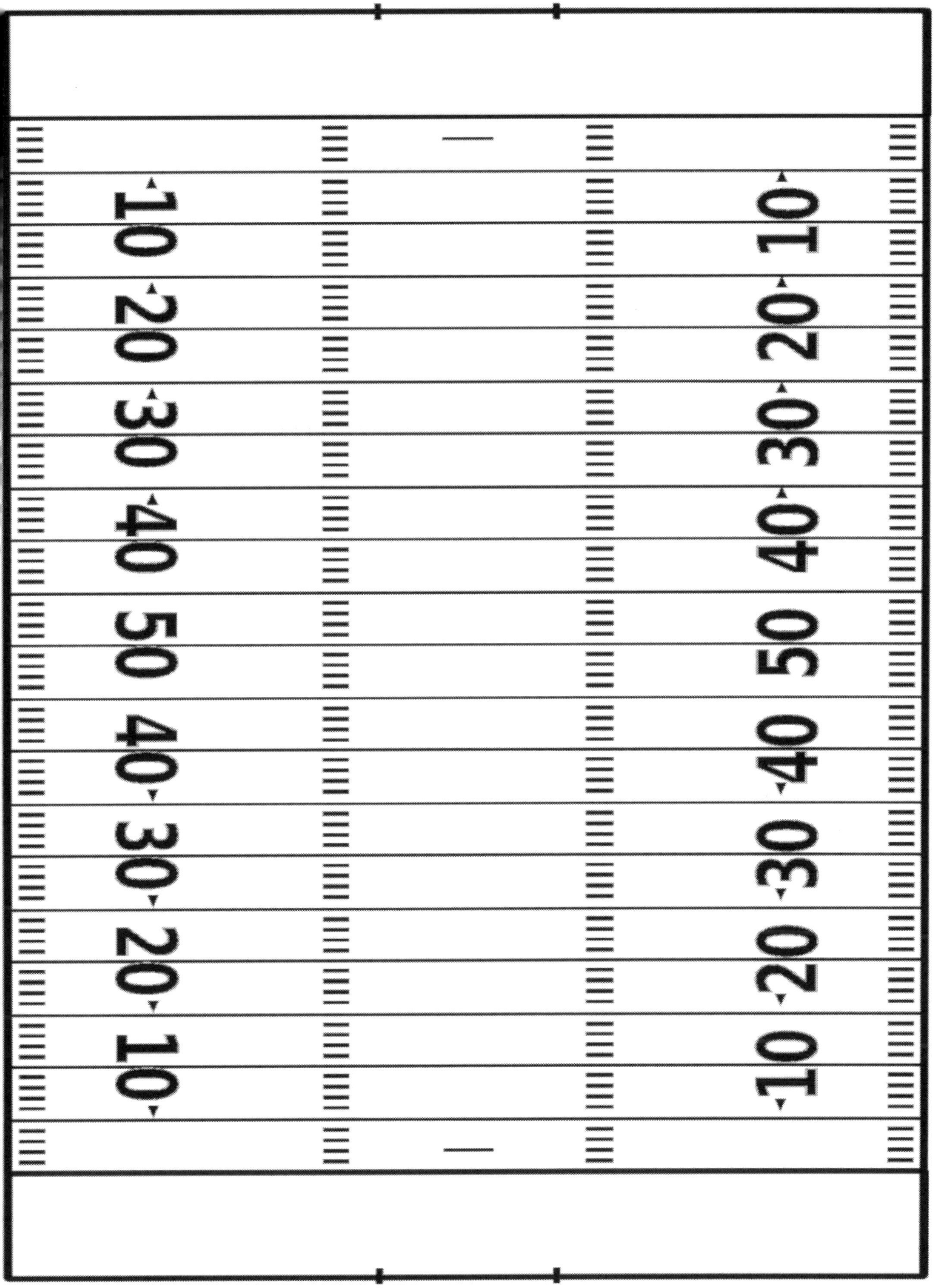
10
20
30
40
50
40
30
20
10

DIAGRAM 1

DIAGRAM 2

NOTES

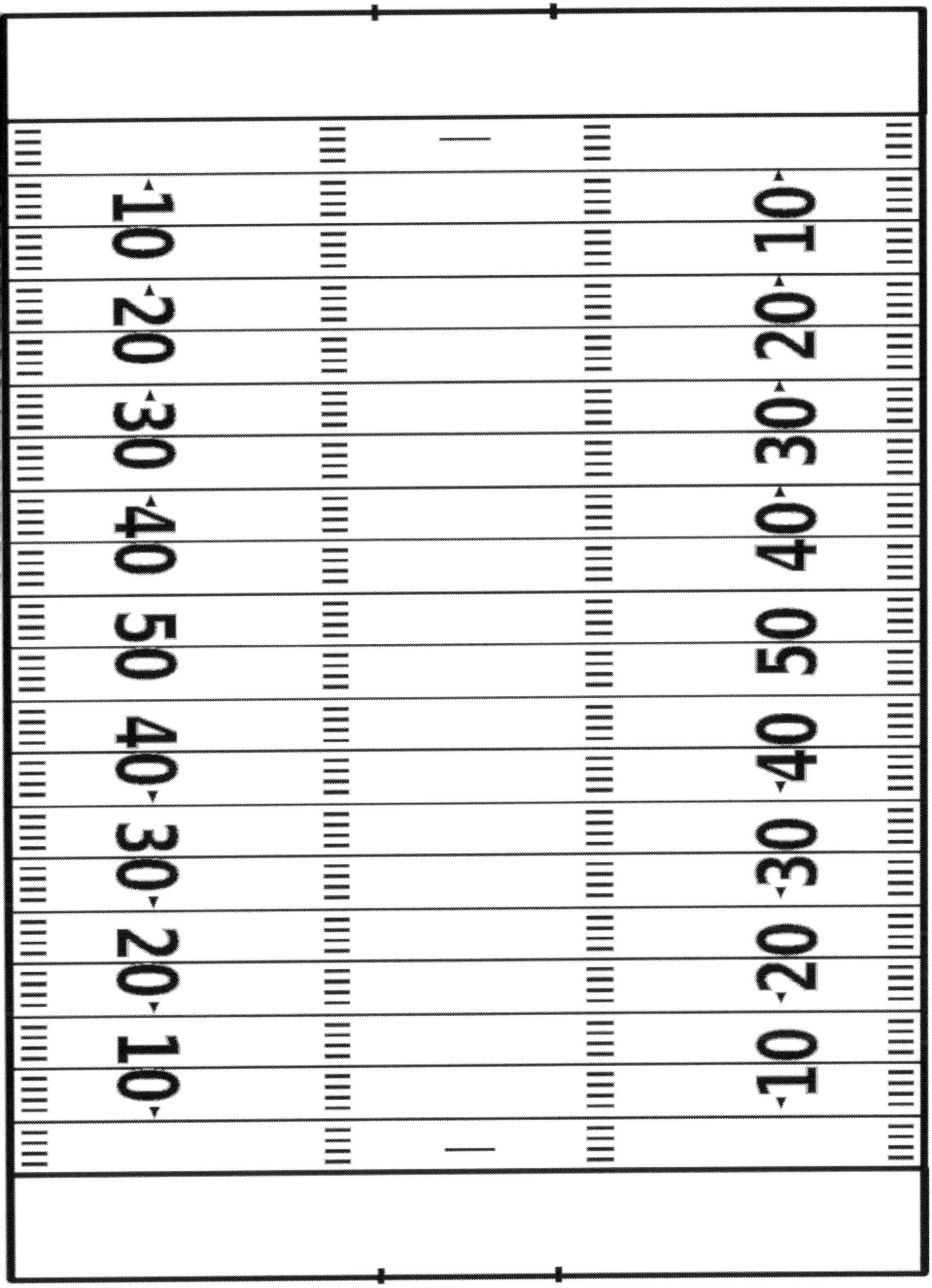
10 20 30 40 50 40 30 20 10
10 20 30 40 50 40 30 20 10

DIAGRAM 1

DIAGRAM 2

NOTES

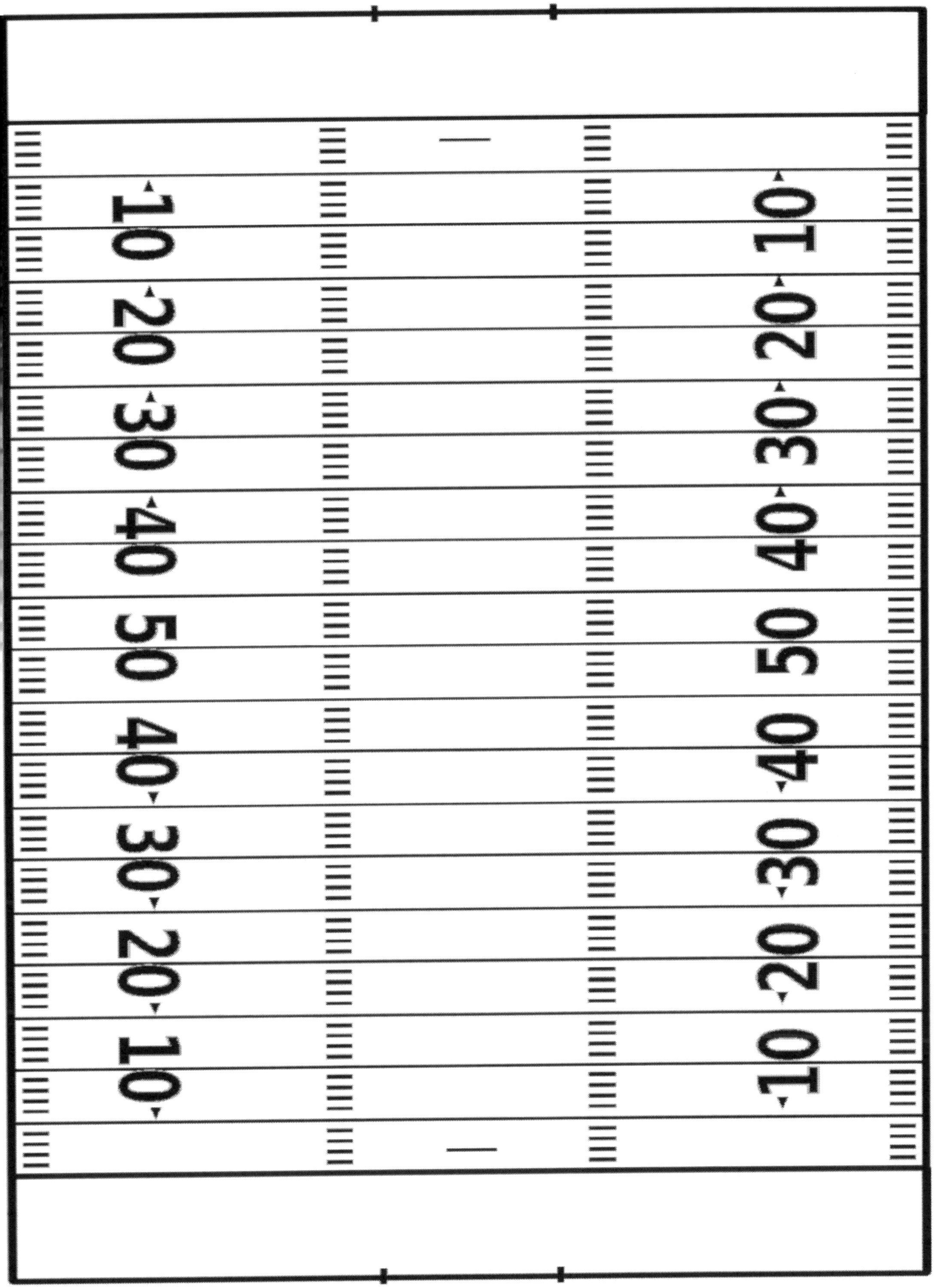
10
20
30
40
50
40
30
20
10
10
20
30
40
50
40
30
20
10

DIAGRAM 1

DIAGRAM 2

NOTES

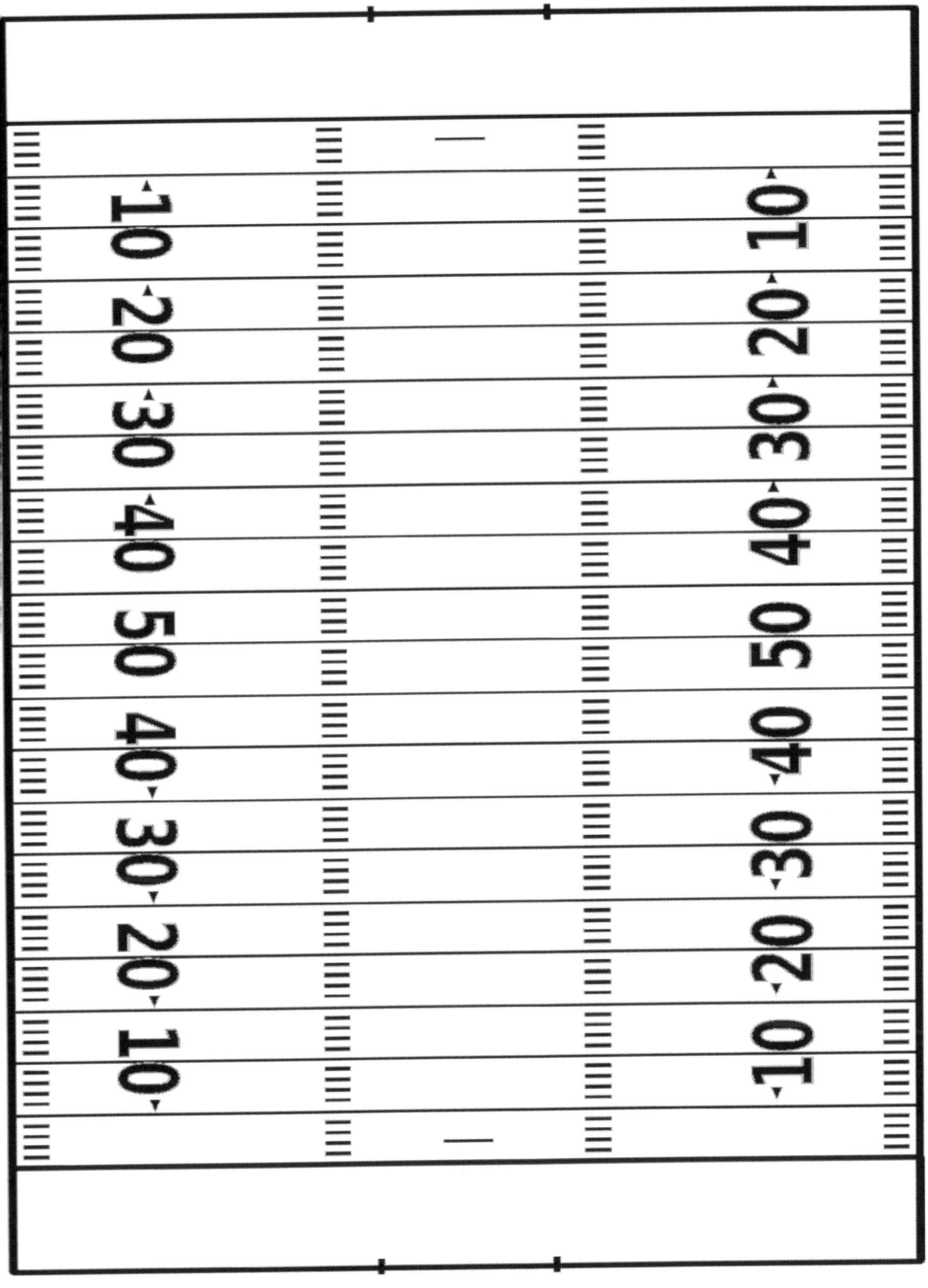
10 20 30 40 50 40 30 20 10
10 20 30 40 50 40 30 20 10

DIAGRAM 1

DIAGRAM 2

NOTES

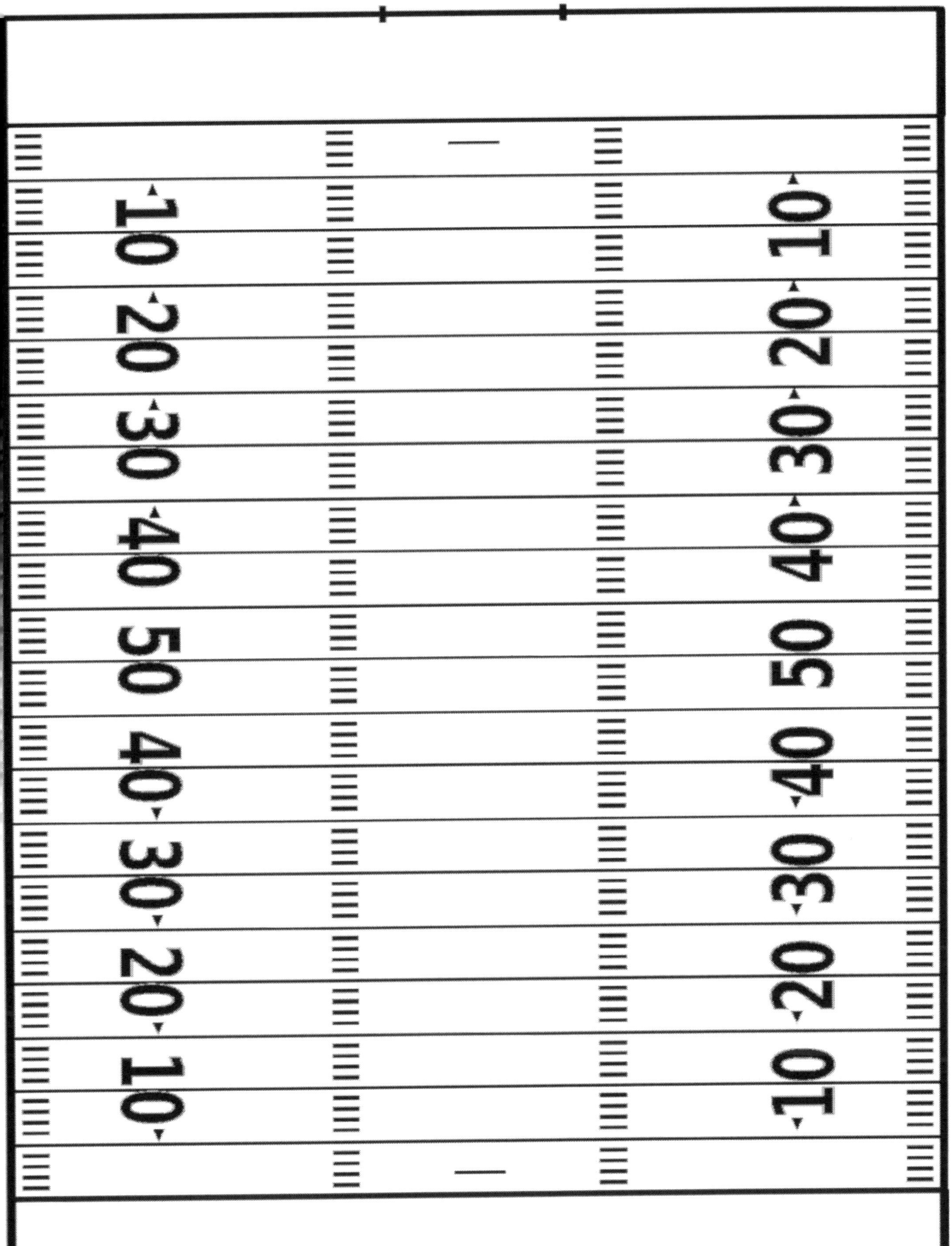
10 20 30 40 50 40 30 20 10
10 20 30 40 50 40 30 20 10

DIAGRAM 1

DIAGRAM 2

NOTES

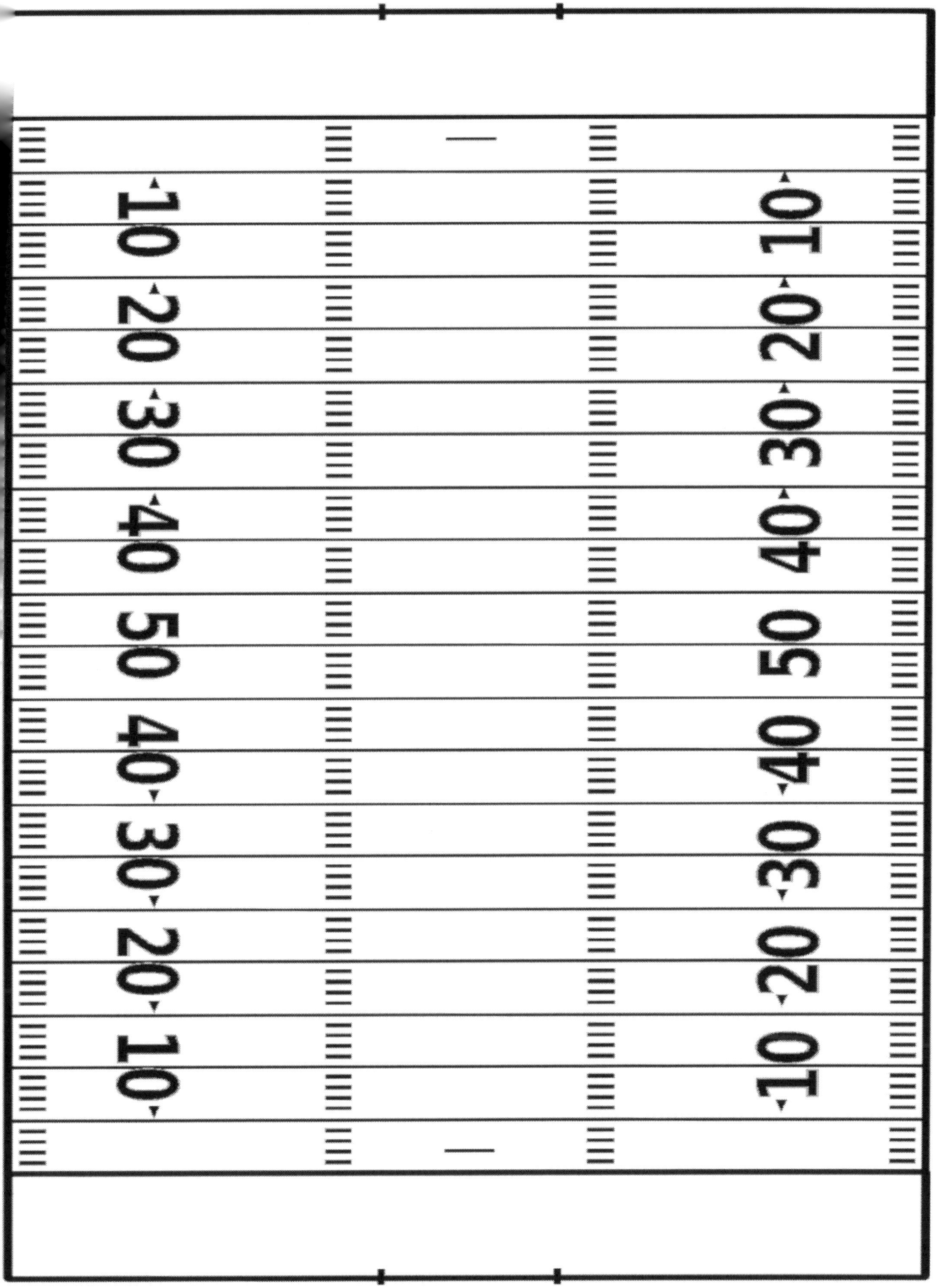
10 20 30 40 50 40 30 20 10
10 20 30 40 50 40 30 20 10

DIAGRAM 1

DIAGRAM 2

NOTES

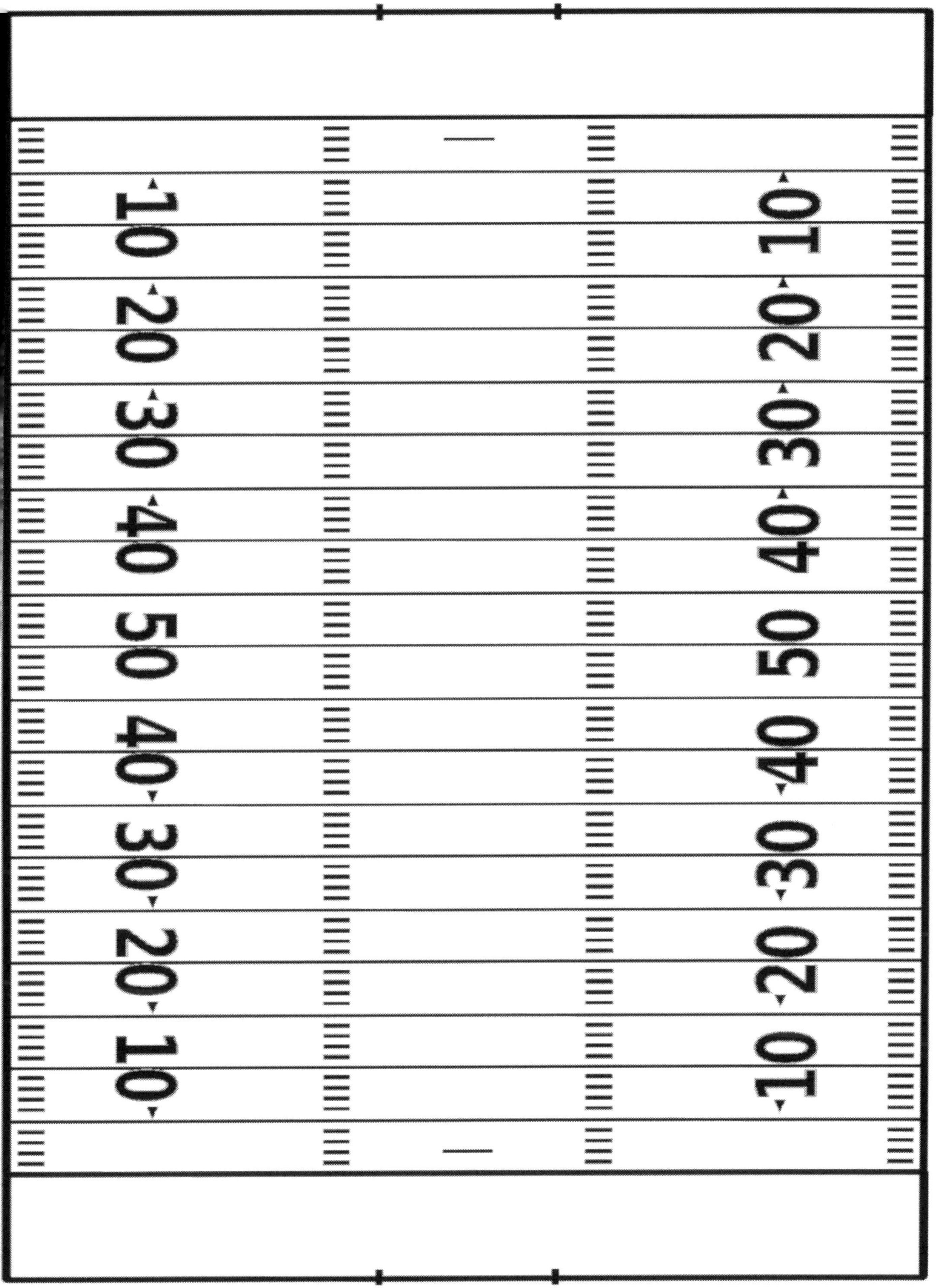
10 20 30 40 50 40 30 20 10
10 20 30 40 50 40 30 20 10

DIAGRAM 1

DIAGRAM 2

NOTES

10 20 30 40 50 40 30 20 10

10 20 30 40 50 40 30 20 10

DIAGRAM 1

DIAGRAM 2

NOTES

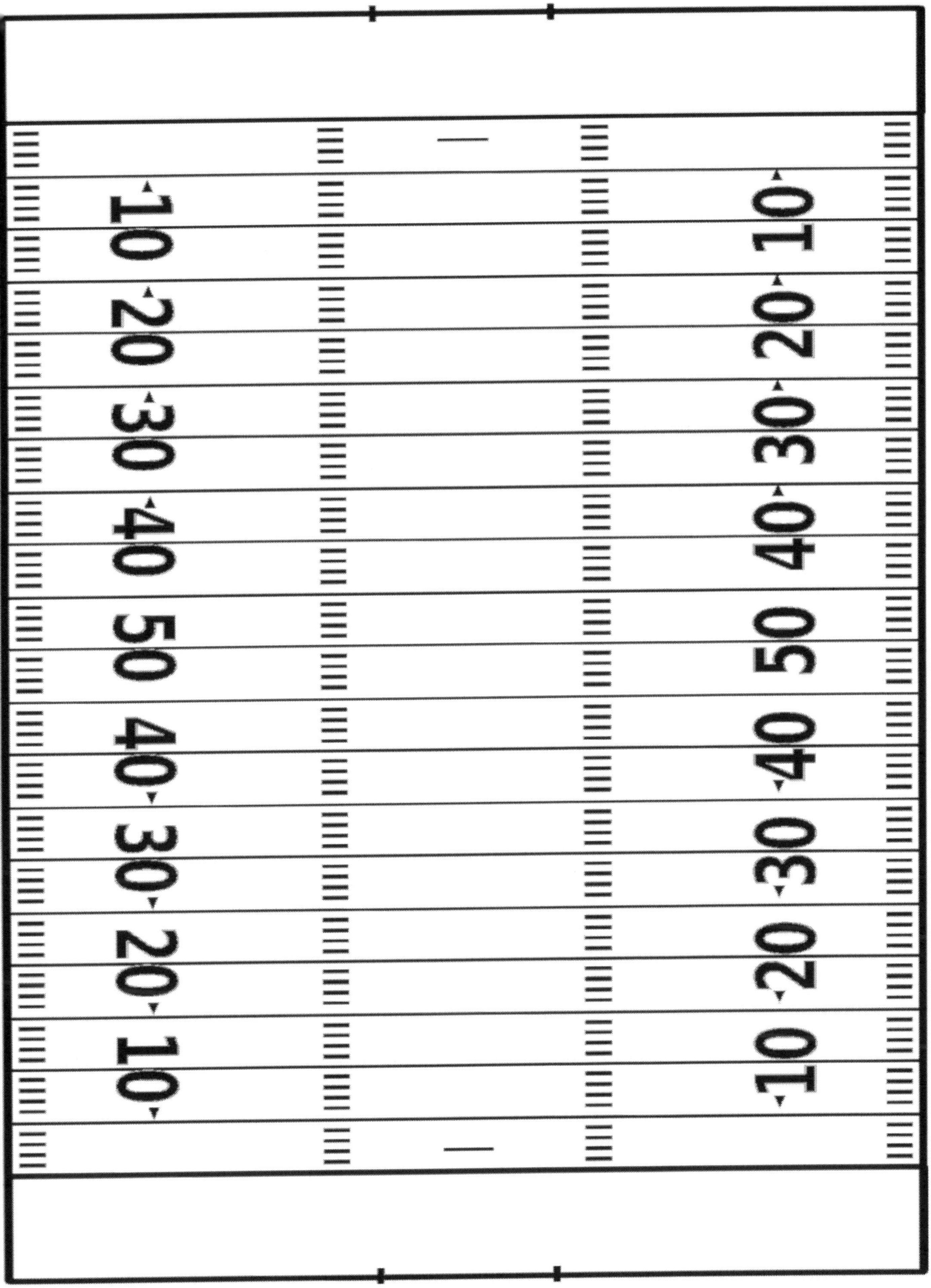
10 20 30 40 50 40 30 20 10
10 20 30 40 50 40 30 20 10

DIAGRAM 1

DIAGRAM 2

NOTES

Made in the USA
Columbia, SC
09 November 2020

24225070R00067